AF146139

Über das Buch

Von Globetrotter für Globetrotter.

Träume leben.
Ob direkt vor der eigenen Haustür, im australischen Outback oder an heiligen Bergen in Tibet ...
Ob zu Fuß oder aus dem Fahrradsattel heraus ...
Ob im Kampf gegen äußere Umstände und innere Schweinehunde ...
Wer in die Welt hinausgeht, die Welt in sich hineinlässt, der hat etwas zu berichten.

In dieser Kurzgeschichtensammlung erzählen Globetrotter Mitarbeiter von ihren Reiseerlebnissen. Vielfältig, witzig, nachdenklich, anregend - und garantiert nie langweilig.

Björn Lampmann

Heinz Gsottberger

Florian Wolf

Träume leben.

Globetrotter Mitarbeiter erzählen

Reisekurzgeschichten

Impressum

Heinz Gsottberger, Björn Lampmann, Florian Wolf
Träume leben.
Globetrotter Mitarbeiter erzählen Reisekurzgeschichten

Bibliografische Information der Deutschen Nationalbibliothek
Die Deutsche Nationalbibliothek verzeichnet diese Publikation
in der Deutschen Nationalbibliografie; detaillierte
bibliografische Daten sind im Internet
über http://dnb.nb.de abrufbar.

© Florian Wolf, Vaterstetten 2015
Coverillustration: © Hubert Haslacher
Umschlaggestaltung: © Florian Wolf

Herstellung und Verlag:
    BoD – Books on Demand, Noderderstedt

ISBN: 9783739201788

Triffst Du an eine Weggabelung, beschreite sie.

(aus dem Zen-Buddhismus)

Meine Reise nach Peru zum Kinderhaus ANJ (Ayuda para niños Junin)

gefördert durch Globetrotter Ausrüstung Hamburg und München

Kinder – wir sind du

Ungeduldig warte ich am Münchner Flughafen. Das fängt ja schon gut an! Wo bleibt denn nur Sabine? Wir müssten schon längst eingecheckt haben. Aber wie lautet eine der wichtigsten Meditationsübungen im Zen-Buddhismus? „Akzeptiere die Wirklichkeit des Jetzt". Na schön. Wenige Minuten später braust Sabines' Wagen schon heran. Ein Küsschen auf die Wangen und ab geht es zur Gepäckaufgabe. Mein Rucksack wiegt 30 Kilogramm. Wir sind viel zu spät dran, um das Gepäck umzupacken, und müssen es sofort aufgeben. Was soll das Übergepäck kosten? Autsch – doch nur 200 Euro!

---

1 Sabine Herrmann ist Gründerin von ANJ. Weitere Informationen finden Sie unter: www.kinderhilfe-peru.de

Nun möchte ich den Flug nach Peru nicht weiter beschreiben. Er ist schlichtweg ein Desaster. Wegen eines Unwetters verpassen wir unseren Anschlussflug von Amsterdam nach Lima. Erst am nächsten Tag können wir via Panama nach Peru weiterreisen. Dort angekommen, mache ich nur fünf Gepäckstücke aus. Hatten wir nicht sechs aufgegeben? Bitte nicht! Genau mein Rucksack, in dem sich die Geschenke für die Kinder befinden und für den wir 200 Euro berappen mussten, liegt nicht auf dem Förderband. Hatte ich, als Profi-Traveler, Ersatzunterwäsche und Hygieneartikel mit im Handgepäck? Natürlich nicht. Macht ja nichts. Mein Rucksack soll mit Umwegen ja schon nach sieben Tagen im Kinderheim eintreffen.

Wie so oft haben wir Glück. Sandra, eine wohlsituierte Deutsche, die seit Jahrzehnten in der peruanischen Kapitale lebt, lädt uns erst mal zu sich in ihr Strandhaus in San Antonio ein. Dort genießen wir peruanische Köstlichkeiten, trinken Pisco Sour[2] – und ich erhalte ein paar saubere Unterhosen ihres sich auf Reisen befindenden Ehemanns. Zwei Tage später machen wir uns auf den Weg. Verlassen den trüben Moloch Lima mit seinen 9 Millionen Einwohnern. Eine der mir liebsten Autostrecken führt durch eine der trockensten

2 Pisco Sour: Cocktail aus der Sour-Familie, benannt nach der Stadt Pisco in Peru

Gegenden der Erde. Innerhalb von nur knapp 3 Stunden windet sich die Straße auf 4800 Meter und erreicht bei Ticlio ihren höchsten Punkt. Vor 12 Jahren war dies noch eine Staubpiste mit knietiefen Schlaglöchern.

Für Sabine ist bisher jede Fahrt in die peruanischen Anden ein Albtraum und endet meistens damit, dass sie sich übergeben muss. Leider auch diesmal. Ich bewundere ihren Einsatz und ihre Opferbereitschaft für die Kinder. Ich hingegen liebe diese Fahrt in das 290 Kilometer von Lima entfernte San Pedro de Saño.

Nachdem wir Lima verlassen haben, begleiten uns himmelstürmende Berge, duftende Wiesen und Eukalyptushaine. Darüber wölbt sich ein kobaltblauer Himmel. La Oroya, eine der höchstgelegensten Bergbauminen der Welt – und sicherlich auch eine der dreckigsten – ist eines der traurigen Zeugnisse unseres Fehlverhaltens in dieser einzigartigen Naturschönheit.

Nach fünf Stunden serpentinenreicher Fahrt öffnet sich ein weites Tal, das über den mäandernden Mantaro-Fluss hinweg den Blick weit auf die schneebedeckten Gipfel der Anden freigibt. Wenig später erreichen wir San Pedro de Saño. Das Dorf hat knapp 400 Einwohner und liegt auf 3285 Meter Höhe. Ich fühle mich um 100 Jahre unserer Zivilisation zurückversetzt. Vor wenigen Jahren gab es hier weder Strom noch fließendes Wasser. Von der asphaltierten Hauptstraße führt ein mit Schlaglöchern übersäter Feldweg zu Sabines Kinderhilfe ANJ – „Ayuda para niños Junin".

Nun wird es aufregend. Vor allem für Sabine, die nach gut einem Jahr Abwesenheit einige Neuankömmlinge begrüßen wird. Das weiße Haupttor öffnet sich. Fröhliches Kinderlachen und Jubeln schwappt wie eine Woge über uns zusammen. Im Nu sind wir von schreienden, jubelnden Mädchen umgeben, die sich vor Freude gar nicht mehr einkriegen können. Die ersten Freudentränen kullern die Wangen hinab. Emotionen brechen auf. Sandra und ich sehen die Freude in Sabines Gesicht nach all den Strapazen der letzten Tage. Anfangs sind die Mädchen und ich, nach fünf Jahren der Abwesenheit, etwas schüchtern zueinander, doch das legt sich innerhalb kürzester Zeit. Erstes Gelächter kommt auf, als die Mädchen meinen, ich hätte auf meinen Unterarmen mehr Haare als auf dem Kopf. Da muss es sich hoffentlich um einen Irrtum handeln.

Wir verzeichnen drei Neuzugänge. Die nun fast einjährige Dayana, die einem Püppchen gleicht, und die vierjährige Tanya. Margot, ein elfjähriges Mädchen, lebte wohl früher in „verwilderten" Verhältnissen. Bei ihrer Ankunft im Heim, so hieß es, schlug, biss und kratzte sie wild um sich. Die Eingliederung fiel ihr anfangs wohl sehr schwer. Die Biographien der Mädchen gleichen sich fast immer und sind eine Verkettung von unzähligen Dramen. Verprügelt, vernachlässigt, mitunter von Mitgliedern der eigene Familie vergewaltigt. Einige sind Waisen und wurden verwahrlost am Straßenrand gefunden. Vor Hunger aßen einige, wie die kleine Kelly, ihren eigenen Kot. Die Gründe dieser Dramen haben tiefe Wurzeln. Alkoholismus, Frustration, Landflucht – und das koloniale Trauma von einst ist nicht überwunden. Hier bei ANJ haben die Kinder ein neues Zuhause gefunden. Einige der Mädchen haben sich längst zu selbständigen Frauen entwickelt, die bereits die Universitäten Huancayos und Limas besuchen. Andere träumen davon, ins Ausland zu gehen.

Globetrotter spendete vorab 4000 Euro, damit ich notwendige Renovierungsarbeiten erledigen konnte. Die Spende wurde auf ein Spendenkonto der ANJ Kinderhilfe Peru überwiesen. Bei einer Dachreparatur dachte ich anfangs, man legt ein paar neue Dachpfannen auf die Latten und fertig. Mitnichten! Bei näherem Hinsehen erweist sich das Vordach als komplett marode. Wir müssen das Dach, wie soll ich es beschreiben   abreißen! Es bleiben nur noch die tragenden Dachbalken übrig. Darüber genießt du den Blick in den freien Himmel. Wieder haben wir Glück. Daniel und Marc, zwei

Schweizer, die in Peru umherreisen, hören von ANJ und bieten spontan ihre Hilfe an. Dutzende Schubkarrenladungen sind nötig, um den Schutt hinauszubefördern.

"Wohin damit?", frage ich einen der Arbeiter. "Ab in den Fluss". Entgeistert schaue ich ihn an. Wir einigen uns auf eine andere Stelle hinter seinem Haus. In 3600 Meter Höhe komme ich schnell aus der Puste. Vianca und ihre Freundinnen lieben es, in der Schubkarre durch den Patio zu heizen – und ich bin völlig erledigt. Als ich am Abend todmüde ins Bett falle, entsinne ich mich einer Geschichte von A. Papadaki, der in seiner Novelle "Die Farbe des Mondes" von den glücklichen, oftmals kleinen, Augenblicken des Lebens schrieb, die unseren Alltag bereichern. In dieser Geschichte drängt der Stern einen alten Kirschbaum dazu, ihm über die glücklichen Momente des Lebens zu berichten. Gibt es heute nach dieser Schufterei solche Augenblicke? Es gibt sie:

Eine dampfende Kaffeetasse in Sabines Händen,
Trocknende Wäsche im leichten Wind,
filigrane Wolken am Abendhimmel,
die warme Hand Rosalindas in der meinen.

Die nächsten Tage gleichen denen eines ganz normalen Handwerkers. Zwischen sechs und halb sieben aufstehen.

Gymnastik, mit Glück – aber nicht immer – heiß duschen. Um acht gemeinsames Frühstück. Danach zum Baummarkt Maestro in Huancayo, um Material und andere Utensilien zu kaufen. Darunter befindet sich auch ein Mundschutz. Ich weiß nicht, wieviel Dreck und Staub ich in den letzten Tagen eingeatmet habe. Tagsüber kratzt und brennt mir der Rachen, die Augen tränen. Aber die Mühe lohnt. Das neue Dach nimmt Konturen an. Nachmittags haben wir ein zünftiges Fußballspiel. Mit jungen Señoritas ist das gar nicht so einfach. Jede will mit dem Gringo spielen, und flugs ist nach wenigen Minuten eine neue Mannschaftsaufstellung nötig. Egal, spielen wir einfach Volleyball, wobei wir uns die Bälle nur so um die Ohren schießen. Am Abend schreibe ich über die glücklichen Augenblicke dieser Tage in mein Tagebuch:

Bunte Blumen am Straßenrand, wetteifernd, die Schönste zu sein,
eine Schafherde am nahen Eingang,
das unvergessliche Lachen eines Verkäufers am Markt,
Regentropfen, die mein Gesicht küssen,
Vianca, die uns winkend hinterherruft. Ich liebe Euch.

…und bedarf es noch anderer Momente im Leben, um glücklich zu sein??

An einem warmen, sonnigen Sonntag versammelt sich halb San Pedro vor der Kirche. Ein Großereignis findet statt. Die Kinder des Ortes werden getauft. Unter ihnen befinden sich Dayana und Tanya. In ihren weißen Kleidchen wirken sie wie kleine Püppchen. Vianca, Milagros und Rosalinda erhalten ihre Firmung und sehen wie drei bezaubernde Prinzessinnen aus. Auf den Nachbarbänken kämpfen einige Gläubige mit dem Schlaf und gähnen völlig ungeniert. Ein geselliger Hund schaut auch noch kurz in der Kirche vorbei. Froh darüber, die Messe überstanden zu haben, balgen die Kinder sich um die mitgebrachten "Caramelos", die wir im Kirchenhof in die jubelnde Menge werfen.

Zum Festtag bereitet Gina ein köstliches Pachamanca[3] vor. Als Vegetarier bleibt mir außer ein paar Bohnen, Mais und Kartoffeln nicht viel übrig. Aber das bin ich in Peru schon gewohnt. Für mich kein Feinschmeckerland. Ich verwöhne mich fast allabendlich im Pizzarestaurant, wo mir nach einer deftigen Gemüsepizza sprichwörtlich der Käse aus den Ohren kommt.

---

3 Pachamanca: Quechua, wörtlich Erd-Topf Speise. Wird in Peru als Nationalgericht gesehen. Zutaten sind neben Meerschweinchen (Cuy), Kartoffeln, Mais und Gemüse

Die Schutthalde vor unserem Haus will einfach kein Ende nehmen. Mit Marcs gebündelter Kraft schaffen wir es schließlich. Danach mache ich mich daran, die Türen zu lackieren und die Außenmauern zu streichen. Die Kinder helfen fleißig mit. Oft stelle ich mir die einfältige Frage, wer hier wem mehr gibt: ich den Kindern oder sie mir. Unseren letzten Tag verbringen wir in Huancayo im Plaza Vea – einem gigantischen Einkaufszentrum à la "to go": Coffee to go, Pizza to go, Credit to go. Luxus, Kommerz, der einen überallhin begleitet und erschlägt. Einige Hochland-Indigenas stehen staunend vor einer Rolltreppe. Beobachten das Auf und Ab. Klack, klack, klack. Mit großen Augen, wie Kinder, völlig ausgeliefert dieser neuartigen Welt. Mit einem eleganten Sprung ergattern sie das Kettentier, welches sie in den Schlund der gewieften Verkäufer führt. Diese stehen ihrer Kundschaft mit den neuesten Geräten gegenüber. Barzahlung ist nicht nötig. Auf Kredit zu 0 % finanziert. Bei diesen Geschäften gewinnt letztlich immer das Plaza Vea. Die Kinder sind auch völlig aus dem Häuschen. Sabine erlaubt ihnen, einen Teil ihrer Ersparnisse auszugeben. Jedoch sind einige gewieft und sparen lieber für spätere Zeiten. Mit Pollo al la braza, Pizza und Popcorn geht dieser Tag zu Ende, und so fällt mir der Abschied von den Kindern bedeutend leichter.

Am Busbahnhof warte ich auf die bevorstehende Abfahrt. José, ein Bekannter, wollte mich ursprünglich zum Frühstück treffen, tauchte aber nicht auf. Aber ich kenne sie ja, meine Latinos. Eine sanfte Berührung an meiner Schulter lässt mich herumfahren. Da steht er – José. Mit Tränen in den Augen entschuldigt er sich Dutzende Male bei mir. Wir halten uns die Hände, umarmen uns. Auch meine Augen füllen sich mit Tränen. "Buen viaje, amigo. Cuidate." Immer wieder sehe ich zurück, in das mir vertraute Tal. Die Schneeberge rücken immer weiter in die Ferne. Unverfälschtes Kinderlachen dringt an meine Ohren, so unbekümmert und echt. Augenblicke später ist auch dieses verschwunden.

Wisst ihr, was der alte Kirschbaum in A. Papadakis Geschichte dem Stern antwortete, als er diesen überglücklich hinter einem Regenbogen verschwinden sah? "Ich liebe dich sehr."

Die Katze schnurrt nun vergnügter

Das grüne Buch in den Händen stand er verärgert an der Route Départemental in Colleville sur Mer. Mit leerem Magen. Scheißfranzosen hier, wollen einfach nicht verstehen, was er da vorliest. Geben sich überhaupt keine Mühe in dem Laden. Kann er also seinen kleinen Sprachführer einpacken. Nettes Land eigentlich, wenn die Kerle nur normal reden würden. Versteht doch kein Mensch, das Kauderwelsch. Hätte ja nicht so kommen müssen. Geplant als Beziehungssanierung wollten sie in die Normandie radeln. Passte auch ganz gut: Er erledigt technische Probleme und plant die Route, sie spricht französisch und kommuniziert mit den Einheimischen. Dazwischen erlebt man gemeinsam Land und Leute, sieht viel. Hat frische Luft und leckeres Essen. Auch Campingplatz ist gut. Aber: Problemen kann man nicht davonradeln.

Völlig unbeabsichtigt und ohne bösen Willen war er vor dem Urlaub in eine Affäre mit einer Studienkollegin gestolpert. Sie fand das nicht harmlos und hielt ihm seine Untreue gerne und beständig vor. Dennoch rauften sie sich zusammen und fuhren los, Richtung Bayeux. Nach dem Besuch der Campingplatz-Schänke mit allerhand Calvados hob sie erneut mit ihren Vorhaltungen an. Dann seine Konsequenz:

„Zieh ich eben aus, wenn du mir nicht mehr traust."

„Meine Mutter hat schon immer gesagt, dass du nix wert bist!"

„So wie dein Vater."

„Hau doch ab, elender Scheißkerl, mein Vater war tausendmal mehr wert als du!"

„Klar, drum is' er auch durch."

„Pack deinen Krempel, deine stinkenden Klamotten und verzieh dich! Aber vorher krieg ich noch Miete von dir!"

„Bin aber augenblicklich eher knapp, weißte doch?"

„Dann verkauf dein Scheißrad!"

„Is' nicht Scheiße, is' Titan. Geh ich lieber arbeiten."

„Haste doch sonst auch nie, du, ... du Rennfahrer!"

Als sie die fehlende Deckung ihrer Zukunftspläne erkannte, eskalierte die Situation im normannischen Wohnwagen. Aus Weinen wurde Heulen und daraus Schreien. Sachlich war anders. Nach dem zweiten Treffer hielt er dagegen und warf sie aufs Klappbett. Ein Gerangel entbrannte, das er nur knapp für sich entscheiden konnte. Rote Flecke und vier ordentliche Kratzer am Hals blieben ihm. Verletzt nächtigte er im Schlafsack vor dem Camping-Domizil. Am Morgen warf sie die vorher geöffneten Packtaschen aus dem Wagen und stieß sein Rad um. Das war zuviel.

Er sammelte die Ausrüstung im Gras ein, ging ins Waschhaus und machte sich reisefertig. Mit einem Fuß bereits im Pedal rief er sein Lebewohl zum Wohnwagen: „Ja, sie vögelt besser und hat hübschere Brüste als du!" Dann trat er an. Beim nächsten Dorfladen begannen allerdings seine Schwierigkeiten: So wie er etwas bestellte, schien kein Normanne zu sprechen. Auch das Vorlesen aus dem grünen Buch half nicht. Amüsiert und mitleidig beschaute man diesen dürren Kerl mit den Gummihosen. Schließlich erlaubte man ihm, seine Wünsche mit Fingern zu deuten, und man schrieb ihm den Preis dafür auf einen Zettel. Sollten sich alle Franzosen so anstellen wie die Ladenhüter hier, kann er ein Fortkommen mit Bus oder Bahn ausschließen. Also auf Achse.

Wenigstens vier Etappen braucht es bis in halbwegs deutschsprachiges Gebiet. Nur muss er dazwischen essen und irgendwo schlafen. Sobald er sein Baguette verschlungen hat, ergibt er sich seinem Schicksal und macht sich auf den Weg. Kehrt dem Kanal den Rücken und nimmt die Rue Nationale gen Osten. Die Gegend erhebt sich, der Wind ist auflandig. Er schiebt ihn weg. Weg von dieser hübschen Küste, weg von ihr, weg von einer Wohnung am Studienort. Vor einer kleinen Ortschaft geschieht es dann: ein Lastwagen überholt knapp, er weicht aus, kommt von der Straße ab und fährt platt. Während er akrobatisch ausbalanciert und das Rad zum Stehen bringt, nimmt er eine fette rotgestreifte Katze in der zunächst liegenden Windschutzhecke wahr. Vermutlich eins der Biester, die die Abfälle der Touristen durchwühlen und alles fressen, was drin ist.

Derweil er den Schaden abschätzt, kommt die Katze in seinem Rücken näher. Fluchend stellt er das Ausmaß der Beschädigung fest und erkennt, dass sie mit Bordmitteln nicht zu beheben ist. Im Handwörterbuch schlägt er nach, was er sagen müsste, wenn er ein Fahrradfachgeschäft suchen würde. Ob er das allerdings so hinbekommt, dass es auch die Franzosen verstehen, zweifelt er an. Jetzt streicht die fette Katze ganz dezent schnurrend um seine rasierten Beine und stellt den Schwanz in die Höhe. Er tritt einen halben Schritt zuruck und hält sich am Rad fest. Die Katze setzt zur nächsten Acht um seine Beine an. Wieder weicht er einen Schritt zurück, um dem müllfressenden Vieh auszuweichen. Die Katze schnurrt lauter, nahezu vergnügt ob dieser Neckerei. Nicht dass er Katzen nicht mögen würde – er hat einfach eine Allergie gegen Katzenhaare. Zwischen seinem Fahrrad und dem Tier eingekeilt steht er schließlich auf einem Bein und überlegt, wie er entkommen könnte. Die Katze schnurrt nun vergnügter und schaut zu ihm hinauf. Ein Auge scheint zu blitzen. Dann beugt sie die Vorderpfoten und streckt sich. Ein Wind entfährt ihr. Er raunt ihr angeekelt zu: „So, das kommt vom Abfallfressen."

Da richtet sich die Katze auf, stellt das Schnurren ein, lässt den Schwanz auf halbe Höhe sinken und beginnt damit hin und her zu peitschen, sacht allerdings. Sie geht, für Katzen unüblich, zwei Schritte zurück und sieht ihn an. Jetzt blitzt es in beiden Augen. Er will sich schon bei dem Tier entschuldigen, so menschlich scheint ihm sein Gesichtsausdruck, da spricht es zu ihm:

„ Ah, der Herr kennt sich mit unsren Essgewohnheiten aus."

„Mit euren Essgewohnheiten?" erwidert er unsicher.

„Pluralis majestatis, Ignorant!"

„Wird heute selten gebraucht."

„Katzen sprechen auch nicht so häufig."

Er schaut sich erschrocken um und erwartet, irgendwo eine versteckte Kamera auftauchen zu sehen und einige Filmleute, die doof lachen und ihm auf die Schulter klopfen. Von denen wird aber gewiss einer Englisch sprechen. Die können ihm sogar helfen, sein Rad in eine Werkstatt zu bringen oder wenigstens die Teile besorgen.

„Da ist keiner", sagt die Katze.

„Du kannst sprechen?"

„Sie können sprechen. So gut kennen wir uns nun auch wieder nicht! Wie kommen Sie überhaupt darauf, mich duzen zu dürfen? Wohl weil ich klein bin?"

„Äh, äh nein, Verzeihung, äh, tut mir leid. Wollte nicht unhöflich sein. Es ist nur..."

„Es ist nur was?"

„Ich spreche so selten mit Katzen; meist nur zu ihnen."

„Hm, Sie denken wenigstens nach. Es sei Ihnen vorerst verziehen."

„Danke, mir wurde schon ausreichend verziehen."

„Oh, der Herr hat was auf die Nase bekommen. Nun, wie ein Kämpfer sieht er ja auch nicht aus. Wollte man sein Veloziped stehlen?"

„Nein, private Auseinandersetzung." Etwas barsch.

„Verstehe. Der Freund hat einen anderen."

„Hey, was soll das? Ich bin doch nicht schwul, also homophil, meine ich!"

„Ach, ist man das nicht, wenn man als Mann mit rasierten Beinen und solchen Gummihosen daherkommt?"

„Überhaupt nicht. Rennfahrer machen das so und sind richtige Männer."

„Die sich dann von Frauen tüchtig kratzen lassen, ja? Oder hatte die Dame eine Katze zu Hilfe gerufen?"

Etwas verlegen: „Die Dame ist schwerer als ich."

„Also ein richtiges Weib!" „Wenn man so will."

„Nun werde ich erst einmal nicht weiter in Sie dringen, Wertester. Wo Sie so angeschlagen sind."

„Danke, sehr liebenswürdig."

„Ihr Veloziped ist beschädigt?"

„Sie kennen sich mit Fahrrädern aus?"

„Ich erkenne eines, wenn ich es sehe."

„Ja, Reifen und Schlauch sind durch, sowie zwei Speichen, 286er Doppeldick; 288er Zink würden auch gehen. Dazu eine 25-622er Decke und ein SV 15."

„Sie sind darin sehr beschlagen; ist das Ihre Profession, Herr?"

„Nein, ich möchte Maschinenbauer werden, kenne mich aber mit Rädern gut aus. Schmidt ist mein Name, Andreas Schmidt."

„Sehr erfreut, man nennt mich Muschi, und wenn Sie lachen, werde ich Sie beißen!"

„Nein, bitte, das ist doch ein durchaus üblicher Name für eine Katze. – Jedoch, wenn Sie sprechen können – wären Sie da nicht in der Lage, einen, hm ... sagen wir mal, etwas individuelleren Namen zu führen?"

„Finden Sie Muschi etwa substanzlos?"

„Nein, aber eben etwas profan für solch ein außergewöhnliches Wesen."

Immer noch glaubt er an einen Filmtrick: irgendein Mikrofon oder eine optische Täuschung. Die Katze hat sich mittlerweile gesetzt und ihren Schwanz um sich gebreitet. Sie schaut interessiert ihre Pfote von oben und unten an. „Nun, Herr Schmidt, Sie stehen also in Ihren engen Hosen etwas verschwitzt herum und haben ein beschädigtes Veloziped. – Ich sitze hier und überlege, ob es schicklich ist, mir die Pfoten zu lecken. So vertraut sind wir ja auch noch nicht."

„Oh, tun Sie sich keinen Zwang an. Ich kann derweil etwas Wärmeres überziehen, wenn Sie meine Erscheinung so kujoniert."

„Beleidigt?"

„Nö."

„Dachte schon, weil Schwule sind immer schnell beleidigt, sagt man."

„Ich bin nicht schwul!"

„Oh, ich vergaß, richtige Männer lassen sich ja gerne von Frauen schlagen und latschen schwitzig in Gummihosen rum."

„Sie hat mich gekratzt. Damit müssten Sie sich ja auskennen, Herr Muschi!"

„Meine Güte, sind Sie eine beleidigte Memme, die nicht einmal eine Katze von einem elenden Kater unterscheiden kann!"

„Dann Frau Muschi." Er beginnt zu kichern, lacht schließlich. Nun schmollt sie, blickt demonstrativ zur Seite. Er unterbricht, räuspert sich, versucht ernst zu sein.

„Verzeihung, das war dumm und nicht korrekt von mir."

„Geschmacklos!"

„Ja, es war auch geschmacklos von mir – möchten Sie sich vielleicht jetzt die Pfoten lecken?"

Über dieses Wortspiel beginnt er wieder zu kichern. Katzen lachen nicht.

„Sie sind geschmacklos und haben Witz, Herr Schmidt. Sie dürfen mich duzen, aber erst, wenn Sie mir etwas zu essen geschenkt haben."

„Außer einigen Müsliriegeln habe ich nichts. Aber wir könnten in den Ort gehen, und ich kaufe beim Metzger etwas Fleisch für Sie."

„Das wäre ein Anfang, Herr Schmidt."

„Wie darf ich Sie dann nennen?"

„Fragen sie mich das, nachdem ich gespeist habe."

„'Tschuldigung."

Sein Rad am Vorbau führend läuft er neben der rotgestreiften Katze in den kleinen Ort. Gemeinsam überqueren sie die Straße und stehen schließlich vor dem Laden des Dorfmetzgers.

„Was darf ich Ihnen holen?"

„Etwas Pastete und eine Scheibe saftigen Vorderschinken, bitte mit Schwarte."

Er blättert in seinem grünen Handwörterbuch unter: „Beim Metzger"

„Pastete steht hier, auch Schinken, warten Sie ... zwei Scheiben Hinterschinken."

„Vorderschinken, mit Schwarte, bitte! Nur eine Scheibe, nicht zu dick, ja!"

„Steht nicht im Buch."

„Dann sage ich es Ihnen vor: Je voudrais un peu de pâté et une tranche de jambon dans l'épaule, avec couenne, s'il vous plaît. «

Er spricht nach. Die Katze springt auf und sträubt ihr rotgestreiftes Fell, setzt sich wieder und spricht erneut vor. Auch sein zweiter Versuch geht weit an der französischen Sprachwirklichkeit vorbei.

„Nein", resigniert die Katze „das geht nicht, so nicht. Verzeihen Sie, aber selten erlebe ich einen so überaus ungeschickten Sprecher."

„Tut mir auch leid, aber wenn die so komisch reden."

„Ich darf doch bitten!"

„Ja ist doch wahr!"

„Nein, ist es nicht. Lassen Sie uns festhalten: Sie sind intellektuell nicht in der Lage, diese Sprache zu prononcieren."

„Kann dafür aber andere Sachen."

„Das hilft uns aber hier nicht weiter, und es bringt mir keinen saftigen Vorderschinken mit Schwarte."

„Ich versuche es noch einmal, ja?"

„Lassen Sie es uns so versuchen: Sie gehen in ihren Gummihosen als Schwuler rein, tragen mich auf Ihrem Arm und bewegen die Lippen. Ich werde sprechen. Etwas männlicher natürlich, aber nicht zu sehr. Der fette Metzger scheint mir auch ein warmer Bruder zu sein, vielleicht schenkt er Ihnen dann noch einige Wurstzipfel, haha."

„Ja, haha. Sie müssen ja nicht den Schwulen spielen."

„Los jetzt, nehmen Sie mich auf den Arm und seien Sie einfach ganz Sie selbst!"

Er greift die Katze und drückt sie an sich, fest.

„Auuuu, nicht so fest!"

„Oh, Verzeihung."

„Ich werde Sie beißen und kratzen, wenn Sie das noch einmal mit mir tun!"

„Wenn Sie mich kratzen und beißen, werde ich Sie in eine Wassertonne stecken."

„Das werden Sie nicht!"

„Werde ich wohl, oder ich werfe Sie dort über das Hoftor, wo dieser Cerberus hervorkläfft!", erdreistet er sich.

„Der ist so ein Schwanzloser wie Sie. Sein eines Auge gehört bereits mir."

„Dann in die Wassertonne."

„Ihr Auge könnte mir auch bald gehören!"

Eingeschüchtert: „Wollen Sie jetzt Pastete und Vorderschinken?"

„Ja!"

„Und haben Sie Geld?"

„—"

„Also Schluss mit den Augen. Wir gehen da rein. Ich trage Sie auf dem Arm und bewege die Lippen, derweil Sie wie ein Mann sprechen; aber keine Versprechungen, falls der Metzger wirklich schwul ist, ja!"

„Ihr Plan ist grandios, Herr Schmidt!"

„Bestellen Sie auch etwas für mich?"

„Wurstzipfel vielleicht?"

„Nein, auch Pastete oder was, das Kraft gibt und schmeckt."

„Mal sehen, ob ich was finde."

„Bitte, Muschi!"

„Frau Muschi! Bitte."

„Na gut."

Nach ihrem wohl etwas sonderbaren, aber gelungenen Einkauf sitzen sie an der Friedhofsmauer in der sich neigenden Nachmittagssonne und verzehren ihre Fleischwaren. Das kaputte Rad lehnt an der Wasserpumpe. Dort hat er sich gründlich und sehr ausgiebig Hände und Gesicht gewaschen, mehrmals. Nur ein leichtes Kitzeln verspürt er in der Nase. Auch die Augen tränen nicht. Allein ein trockenes Reiben bei jedem Lidschlag scheint auf seine Katzenhaarallergie hinzuweisen. Dennoch vermeidet er es, die Katze zu streicheln, obwohl ein Reflex seine Hand nach dem Tier zucken lässt.

„Sie tragen überhaupt kein Halsband."

„Das rührt daher, mein Freund, dass ich niemandem gehöre. Außerdem mache ich mir nichts aus Schmuck."

„Mein Rad ist noch immer kaputt, und ich muss irgendwo schlafen."

„Bin ich etwa Ingenieur oder Gastwirt? Ich bin nur eine hübsche, satte Katze."

„Sie wollten mir einen Namen nennen und sich duzen lassen."

„Oh, Sie sind vielleicht stürmisch, Herr Schmidt."

„Andreas bitte oder einfach Andi."

„Nun gut, Andi. Da wir hier so vertraut sitzen und ich mich jetzt ausgiebig lecken möchte, heben wir die Förmlichkeiten auf und du darfst mich Nephthys nennen."

„Wie?"

„Sag, hörst du schlecht, oder hast du deinen Hochschulzugang auf dem Zweiten Bildungsweg erlangt? Nephthys. Des Seths Halbschwester und todestreue Geliebte."

„Märchen oder so?"

„Ägyptische Mythologie, Kretin!"

„Warte, Seth ... habe ich schon im Fernsehen gesehen, bei so ´ner kleinen Mumie. Da war der der Böse irgendwie."

Wieder beschaut die Katze ihre Pfote und beginnt sie dann zu lecken:

„Ja, so ähnlich. Nur eben zu dem die Halbschwester. Schon mal gehört?"

„Hab auch eine Schwester, heißt Hanna."

„Ach, interessant", spricht die Katze und leckt sich schon die hinteren Pfoten und dazwischen.

„He, was tust du da? Machst du das absichtlich?"

„Schau gefälligst weg, wenn ich das tue. Das ist für Katzen völlig normal, aber entwürdigend, wenn einer direkt zuguckt."

Er sieht in die andere Richtung.

„Also, wo könnte ich übernachten? Und das Rad richten?"

„Du willst weiter?"

„Zurück."

„Wo bist du her?"

„Kaff in Franken."

„Kenne ich nicht! Lebst du dort?"

„Leben? Bis vor zwölf Stunden lebte ich bei meiner Freundin in Schweinfurt. Studiere da. Jetzt werde mir wohl was Eigenes suchen müssen."

Die Katze rollt sich ein und senkt die Lider.

„He, schläfst du, Nefdings?"

„Katzen schlafen nie. Nephthys, übrigens, Anis!"

„Du bist böse."

„Und du töricht. Am Dorfende vermietet eine ältere Dame Zimmer, lass uns dort nachfragen. Sie mag Tiere."

Die Dame trägt einen stattlichen Oberlippenbart, raucht Zigaretten mit Spitze und hat tatsächlich ein unsauberes, aber günstiges Zimmer, das Andi zusammen mit Nephthys für die Nacht mietet.

Er räumt die Radtaschen aus und wäscht sich. Nephthys liegt auf dem Bett und schaut aufmerksam zu. Spricht aber nicht. Verhält sich wie eine Katze. Als er sich nur im T-Shirt niederlegt und sie kein Stück zur Seite rückt, meint sie unbeteiligt:

„Du bist dürr und ohne Haare."

„Stören nur und entzünden sich beim Fahren."

„Siehst aus wie ein Zebra, ein dürres Zebra."

„So sehen Rennfahrer halt aus."

„Und ihr seid wirklich Männer?"

„Natürlich, was glaubst du denn!"

„Könnt ihr euch dann nicht wie richtige Männer gebärden?"

„Du meinst Bier saufen, Ranzen anfressen, Weibern nachgrölen und faul auf dem Sofa hocken."

„Du verstehst nichts."

„Ach ja?"

„Findest du es wirklich männlich, ständig mit einem krummen Rücken durchs Leben zu hecheln, sobald jemand ‚Los!' schreit. Es könnte jenseits von Start und Ziel noch eine Welt existieren."

„Klar: Arbeiten und Fernsehen!"

„Vielleicht schaffst du es, dich von den Äußerlichkeiten zu lösen und etwas dazwischen zu finden und schläfst dann, Zebraandi!"

„Hm"

„He, Zebraandi. Darf ich auf deinem Bauch liegen?"

Mit ihrer Wärme auf dem Leib schläft er ein. Dabei schnurrt sie sanft und lang. Weder ein Kribbeln in der Nase noch ein Reiben in den Augen stört diese Nacht. Nach einem wortkargen Frühstück, bei dem die Dame des Hauses versucht hat die Katze zwischen den Ohren zu kraulen, es aber wegen starkem Niesen bald unterlassen mußte, machen sich die beiden auf den Weg nach Bernay. In Badelatschen und Cargo-Hosen schiebt er sein Rad im Katzentempo an der Strasse entlang. Er ist plötzlich kein Rennfahrer mehr. Muss keinen runden Tritt halten, nicht regelmäßig trinken, süße Riegel verschlingen oder halbirre auf ein Ersatzrad warten. Er ist ein Kerl, der unter Apfelbäumen und Hecken ein kaputtes Fahrrad 'rumschiebt und sich auf eine Katze verlässt, dabei gelegentlich stehen bleibt, von Mücken geplagt wird und irgendwelchen Vögeln im Gebüsch zusieht.   Nephthys findet Andi ein Radgeschäft, wo er sein Vorderrad richten kann. Sie kratzt derweil einem Königspudel ein Auge aus und inspiziert danach noch die Mülltonnen im Viertel. Katern geht sie aus dem Weg.

„Jetzt bist du ja wieder mobil und kannst Richtung Schweinfeld fahren."

„Schweinfurt."

„Egal."

„Ich müsste aber wenigstens noch dreimal Zwischenhalt einlegen. Da verstehen mich die Leute auch wieder nicht."

„Und sie halten dich für schwul in deinen Gummihosen."

„Rennfahrer sehen so aus!"

„Vielleicht."

„Magst mit?"

„Ich kann doch nicht so schnell rennen, wie du fährst."

„Könntest in einer der Packtaschen sitzen."

„Und das Zeug?"

„Lassen wir hier."

„Und Deine Katzenallergie?"

„Ich hab dir von meiner Katzenhaarallergie überhaupt nichts erzählt."

„Ich hab aber gefühlt, dass du mich anfangs nicht berühren wolltest."

„Und?"

„Alle wollen hübsche Katzen streicheln."

„Du findest dich hübsch?"

„Du etwa nicht?"

„Doch, schon."

„Ehrlich?"

„Klar, für ne Katze."

„Scheinst ja viele Katzen zu kennen."

„Nö, aber du bist die Schönste."

„Jaja, das sagst du nur so."

„Oh, Weiber. Nein ehrlich, schwöre! Was willst du hören?"

„Was macht deine Allergie?"

„Hm, merke nichts mehr davon, sonderbar."

„Wunderbar!"

„So wie du."

„Ich soll also mit nach Schweinfeld?"

„Schweinfurt, ja. Wenn du möchtest. Ich würde für uns sorgen und wir könnten zusammen eine Wohnung nehmen. Du könntest dort rumgehen, Hunden die Augen auskratzen, im Bett schlafen und dich lecken."

„Du bist unverschämt!"

„Stimmt, aber das könntest du alles machen. Vielleicht finden wir sogar einen Kater, der dir gefällt?"

„Halt! Du wirst mir zu intim, mein Freund. Kümmere ich mich vielleicht um deine Kerle, sag?"

„Entschuldige, Nephthys, das war wohl etwas überschwänglich."

„Ich suche mir die Kater aus und die Männer, mit denen ich gehe!"

„Und die Schwulen."

„Welche Schwulen?"

Viecher

„Weißt du, wie viele Viecher es da gibt, die dich umbringen können?" Das war der etwas melodramatische Einwand meines Vaters auf meine Idee, ein Jahr in Australien zu verbringen. „Australien hat nur gut 22 Millionen Einwohner, das sind also knapp 60 Millionen Viecher weniger, die mich umbringen können, als in Deutschland", lautet meine altkluge Antwort. Schon das erste Hostel überzeugt mich davon, die Lage falsch eingeschätzt zu haben: Sie sind überall! Sie grölen, grunzen, schnarchen, furzen, sie stinken, dünsten, lärmen und nerven – Backpacker.

Fünf Millionen Besucher zählt Australien jedes Jahr. Der Großteil davon aus Deutschland, möchte man anhand der Jack-Wolfskin-Waschbeutel meinen, die die Bettpfosten dieses Zimmers zieren. Schnell wird klar: Backpacker, diese Art Viecher stellt für mich die größte Gefahr in Australien dar. Vor ihnen fliehe ich in den Busch, dort leben zwar auch Viecher, auch die sind laut, doch glücklicherweise kann ich sie nicht verstehen, auch die stinken, doch zumindest nicht nach abgestandenem Schweiß und Käsefüßen. Und noch etwas registriere ich erleichtert: Keines dieser Viecher hier draußen besitzt einen Jack-Wolfskin-Waschbeutel.

Das Zelt steht, und ich genieße die letzten Sonnenstrahlen, dann tausche ich Sonnencreme gegen Deet-Mücken-Chemiekeule und bleibe standhaft draußen sitzen, während die Moskitos ungerührt weiter an mir naschen. Angelockt vom Geruch meines Abendessens bekomme ich Besuch. Familie Wallaby in Bettellaune. Diese Miniaturkängurus versuchen es auf die Mitleidstour. Hüpfen schüchtern heran, zupfen ein paar Grashalme aus und versuchen mich damit in Sicherheit zu wiegen. Sind sie nahe genug, kullern sie mich mit schwarzen Knopfaugen an. Nur mein Hunger lässt mich widerstehen. Sie fahren härtere Geschütze auf, lassen ihren Nachwuchs aus dem Beutel. Erst lugt ein kleines Köpfchen heraus, dann schält sich die restliche Gestalt hinterher, hüpft noch zwei Sprünge an mich heran und schmachtet mich an. Fast wäre ich doch schwach geworden, erst in letzter Sekunde hält mich ein Gedanke ab: Vertragen Wallabys Zwiebelsuppe mit Pasta und Salami? Ich möchte nicht schuld an einem Wallabysterben im Busch sein und verweigere.

Als nächstes versuchen es die Opossums. Sie sind auch niedlich, wenn man überdimensionierte Ratten mag. Ich mag sie – wenn sie nur nicht so penetrant wären. Ein

Kanadier zeigte mir, was die letzte Hilfe gegen Opossums ist. Große Freude bereitet es mir nicht, die Viecher am Schwanz und im Genick zu packen, um sie in den Wald zurückzuwerfen. Während die Opossums in den Busch fliegen, nutzen die Wallabys ihre Chance. Als ich mich umdrehe, heben sie ihren Kopf aus meinem Topf und schlecken sich die Reste der Pasta aus dem Bart. Naja, Müsliriegel sind auch mal lecker.

Bis man sich an die Geräuschkulisse im Busch gewöhnt hat, fällt das Einschlafen schwer. Nein, das sind keine Affen, es sind die *Kookaburra* oder auch *Lachender Hans* genannten Vögel, und das Getrappel sind wahrscheinlich die Opossums, die mir zur Rache auf den Rucksack scheißen. Irgendwann muss ich raus, die Micky-Maus-Blase drückt. Raus gehe ich nur mit Stirnlampe und Schlappen. Nachts ist allerhand auf der Jagd, und ich will ja nicht, dass die Viecher verhungern müssen, weil sie ihr Gift aus Versehen in mich injizieren. Zurück im Zelt leuchte ich noch mal kurz durch, um sicherzugehen, dass ich keine ungebetenen Gäste habe. Ein Blatt wurde zwischen mein Innen- und Außenzelt geweht. Komisch, so windig ist es doch gar nicht. Ich klopfe dagegen, um es herunterzuschütteln. Das Blatt fiept und rennt weg. Ups. Schlafen fällt jetzt erst mal wieder schwer. Schlafe dann doch ein. Als ich kurze Zeit später aufwache, sitzt die Buschratte wieder auf meinem Innenzelt. Okay, genug geschlafen, in zwei Stunden wird es eh hell.

Wallabys und Opossums zum Frühstück, als Gesellschaft und nicht als Hauptgericht natürlich, dann wird es Zeit für einen kleinen Spaziergang. Doch zunächst muss ich noch die Opossumscheiße von meinem Rucksack kratzen. Mit dem gleichen Stock versuche ich dann auch die handtellergroße Spinne freundlich von meinem Rucksack zu geleiten. Sie missversteht mich und anstatt hinunter springt sie hinein. Kann ich ihr auch nicht weiter helfen, ich schmeiße meinen Krempel oben drauf, werfe den Sack über und los geht's. Captain Cook lief hier am Cape Tribulation mit seiner *Endeavour* auf ein Riff. Das Erste, was er sah, war ein Berg. Er benannte ihn nach seiner aktuellen Gefühlslage: Mt. Sorrow, der Sorgenberg. Dort will ich hinauf.

Durch dichten Regenwald geht es kaum voran. Schlingpflanzen klammern, umgestürzte Bäume blockieren, dichte Büsche belagern und Matsch versumpft den Weg. Überall um den Weg herum ist Leben. Kleine Nager und Echsen flitzen durchs Unterholz, Kakadus explodieren aufgeregt krächzend dem Himmel entgegen, Kängurus platzen durch die Büsche und fetzen über den Pfad. Es kreucht und krabbelt, schlängelt und zischelt. Ständig muss man auf der Hut sein, wohin man tritt und greift – nicht nur vor den Tieren. Es gibt Blätter mit Giftsporen, die in der Haut steckenbleiben und dort höllische Schmerzen hervorrufen. Ein Ranger hat mir von einem Mann erzählt, der sich mit so einem Blatt den Hintern abgewischt hat ... man kann sich den Rest denken.

Es raschelt neben mir. Wieder erwarte ich ein Känguru, vielleicht auch eine Wildsau, man weiß ja nie. Die Büsche teilen sich und hervor kommt ein Kasuar. Viele Forscher kommen hier hoch ans Cape Tribulation, um einen dieser äußerst seltenen Vögel zu sehen, und reisen erfolglos ab. In Queensland gibt es wahrscheinlich fünfmal so viele Kasuarwarnschilder wie Kasuare. Nun gut, vor mir steht auf jeden Fall einer. Es ist etwas befremdlich, einem einen Meter siebzig großen und 60 Kilo schweren Vogel in die Augen zu schauen, zumal wenn man seinen Charakter kennt. Kasuare sind aggressiv, äußerst selbstbewusst und sensationell dumm – eine Kombination, die keiner Lebensform zum Vorteil gereicht. Mit ihrer zwölf Zentimeter langen und äußerst scharfen Mittelkralle ähneln sie eher einem Raptor als einem Vogel. Fühlen sie sich bedroht, treten sie mit beiden Beinen gleichzeitig zu. Es wird immer wieder von Kasuarbegegnungen mit tödlichem Ausgang berichtet.

Wir haben uns gegenseitig überrascht und sehen uns erschrocken an – das kann brenzlig werden. Da raschelt es wieder im Busch, leiser diesmal – der Junior folgt. Hässliches braunes Gefieder, unsicherer Schritt – so ganz anders als der Vater – und doch Papas ganzer Stolz. Das wird ja immer besser. Ich wäge meine Möglichkeiten ab: Ich könnte nichts tun, dann würde er sich wahrscheinlich von mir bedroht fühlen und angreifen. Renne ich weg, rennt er hinterher – Kasuare machen sowas. Er läuft 50 Stundenkilometer, ich bin ein wenig langsamer. Er kann eineinhalb Meter hoch springen und ist ein ausgezeichneter Schwimmer: Meine Möglichkeiten minimieren sich. Doch Tiere sind berechenbar, das Verhalten ihnen gegenüber lässt sich standardisieren – ein Vorteil gegenüber dem Verhalten von Menschen. Also was habe ich gelesen? Langsam streife ich meinen Rucksack vom Rücken und halte ihn mit ausgestreckten Armen vor mich – jetzt müsste er erst mal meinen Rucksack zerfetzen, bevor er an mich rankommt. Hinter dem Rucksack gehe ich vorsichtig in die Knie und lege mich schließlich der Länge nach auf den Boden. Man sieht dem Kasuar an, was er denkt: „Verdammt, wo ist der Kerl denn jetzt hin verschwunden?" Er schaut nach links – nichts. Er schaut nach rechts – nichts. „Hm, na, muss sich wohl in Luft aufgelöst haben..." Tja, Denken ist nicht des Kasuars Stärke. Er geht seines Weges. Ich auch.

Nun, was soll jetzt noch kommen? Ein Fluss vielleicht. Er kreuzt den Weg, eine Brücke gibt es nicht, dafür ein Warnschild: Krokodile. Zurück ist keine Richtung und schauen kann man ja mal. Sieht nicht zu tief aus, das Wasser ist klar. Heute ist da bestimmt kein Krokodil drin. Mitten im Fluss ist es für Zweifel dann sowieso zu spät, also konzentriere ich mich darauf, nicht auszurutschen, und laufe weiter. Nass aber vollständig erreiche ich das andere Ufer. Und bald danach den Gipfel. 770 Meter sind hier auch weniger die Herausforderung.

Oben gibt es kein Gipfelkreuz nur ein weiteres Warnschild: Warnung, nicht weitergehen – steht da. Klein in Englisch und groß in Deutsch. Ich frage mich warum, ignoriere das Warnschild und gehe weiter. Ein kleiner Pfad schlängelt sich auf dem Kamm entlang, führt tiefer in den Regenwald. Seltsamerweise kommt die eigentliche Aussichtsplattform erst nach dem Warnschild, Seltsamerweise ist die Plattform auch so von Wald umstanden, dass von Aussicht nicht die Rede sein kann. Doch sie ist trocken und gibt mir die Möglichkeit, mir die Blutegel von der Haut zu brennen: 17 Stück zähle ich.

Auf dem Weg hinunter trete ich fast auf eine Schwarzotter und wundere mich, dass sie nicht abgehauen ist – normal sind Schlangen sehr scheu. Bei näherer Untersuchung stellt sich die Otter als ziemlich tot heraus, was zu einem guten Maße ihre mangelnde Fluchtbereitschaft erklärt.

Der Zeltplatz für den Abend liegt nahe eines Flusses. Australier haben kein Problem damit, eine Buschcampsite neben einem Fluss zu errichten und mittenhinein ein Krokodilwarnschild zu stellen – man lernt solche Schilder zu missachten. Ein Krokodil lässt sich nicht blicken, dafür werde ich von einem ziemlich schwangeren Buntwaran beobachtet. Träge flezt er auf einer Astgabel, ungerührt von meinem Erscheinen. Zwei weitere dieser bis zu zwei Meter großen Echsen streifen in der Nähe durch das Unterholz. Sie werden dafür sorgen, dass ich an diesem Abend mein Abendessen ungestört einnehmen kann: Wallabys und Opossums stehen auf ihrem Speiseplan.

Im Schlafsack wandern meine Gedanken: Es mutet schier unglaublich an, wie belebt dieser angeblich lebensfeindlichste aller Kontinente ist, wie viele verschiedene Tierarten sich hier gebildet haben und wie häufig man sie antrifft. Doch für alles gibt es Erklärungen. Lebensfeindliche Bedingungen zwingen die Natur zur Anpassung; die Tiere müssen sich spezialisieren und ihre Nischen finden, um zu überleben. Voilà, viele Arten entstehen. Dass sie überleben, liegt vielleicht daran, dass die lebensfeindlichste Tierart hier nicht in derselben Dichte anzutreffen ist wie anderswo. Wir erinnern uns: nur 22 Millionen Menschen. Und die werden auf einer Fläche, die einundzwanzigmal so groß wie Deutschland ist, in ihre Nische gedrängt: die Städte an der Küste.

Mein Tipp für Australienreisende lautet: Lass die Städte aus. Menschen kann man überall beobachten, doch viele Tiere Australiens sind einzigartig. Zugegeben, viele davon sind giftig oder naschen auch schon mal einen Happen Menschenfleisch, dafür sind andere putzig und ganz und gar harmlos – wenn sie einem nicht das Abendessen klauen oder nachts auf den Rucksack scheißen.

Künstliche Intelligenz

Wie in visionären Romanen angedacht, verfügen Computer bald über so etwas wie Künstliche Intelligenz. Sie sind nicht nur leistungsfähig und erledigen ihre primären Aufgaben in Sekundenbruchteilen; sie entwickeln so etwas wie Bewusstsein. Navigationssysteme sprechen dann nicht mehr nur mit Stimmen verschiedener Schauspieler. Nein, sie verfügen über eigene Persönlichkeit und lernen dazu, werden im Umgang mit Menschen vertraut und sind bald treue Begleiter und Ratgeber in allen Lebenslagen. Der Gebrauch eines solchen Geräts könnte sich folgendermaßen gestalten:

F = Fahrer
N = Navigationssystem

Der Fahrer setzt das Navi ordnungsgemäß in Gang.

N: Hey Walter, alte Wursthaut, wie geht's? Kannst Du mal deine fetten Finger aus meinem Gesicht nehmen! – Danke. Wo soll's hingehen?

F: Kirchplatz 15.

N: Bist du bescheuert? Weißt du, wie viele Kirchplätze es auf eurer verdammten Welt gibt! Wo genau!

F: Oberhaching, 82041.

N: Hahaha (Gelächter im Hintergrund), oh Mann. Du trauriger Zipfel. Komm, das sind gut zwei Kilometer. Findest du da nicht selbst hin? Sag, wie blöd bist du eigentlich? Mann, denk doch mal nach: Da fährst du hier einfach vor, mal links, dann rechts und du bist schon fast da. Ich fass es nicht! Jagst mich wegen so nem Furz auf. Hatte eben ein Gespräch mit nem netten Satelliten... Der kommt nicht alle Tage hier vorbei, weißt du.

F: Ich will halt nur genau wissen, wo ich hin muss.

N: Jaja, schon klar. Was willst du dort? Hast ne neue Schlampe aufgerissen, von der ich nichts weiß, he! Sieht sie was aus? Los, raus mit der Sprache, du Hengst!

F: Soll was abgeben.

N: Klar, Samenspende (wieder Gelächter im Hintergrund). Kriegste was dafür? Obwohl, du musst ja schon bezahlen, wenn dir deine Mutter nen Kuss gibt.

F: Jetzt hör halt auf und sag, wo ich hin muss!

N: Hey, macht da einer voll den Hitler? Mal die Autorität spielen. Hast es mächtig eilig, dort hinzukommen. Ich seh' schon. Was sagt eigentlich die von der Implerstrasse 8, 81056 München, dazu, hm?

F: *Wo*zu?

N: Wozu? Klar, stell dich blöd. Das kannst du bei deiner Pussy machen. Hier sind Männer unter sich. Willst wieder überall rumvögeln.

F: Mache ich überhaupt nicht. Ich soll was abgeben.

N: Ja, weiß ich bereits: Samenspende an Kirchplatz 15, 82041 Oberhaching. Ist gespeichert.

F: Spinnst du?

N: Du vielleicht. Wer will denn immer zu den Weibern, hm? Ich etwa?

F: Ich will ein Buch abgeben.

N: Haben die dort keinen Strom, oder was? Wer liest denn in nem Buch rum? – Ha, das ist so ne Öko-Tussi. So voll mit Haaren überall! Seit wann stehst du auf so was Buschiges? Back to nature?

F Die ist bestimmt keine Öko-Tussi.

N: Ha! Hast sie schon gesehen? Ist sie doch rasiert?

F: Du bist eklig. Sag jetzt, wo ich hinmuss!!

N: Von wem ist das Buch überhaupt? Du kannst doch gar nicht lesen.

F: Kann ich wohl.

N: Ach, und warum laufen dann immer so blöde Hörbücher hier?

F: Beim Fahren lese ich natürlich nicht.

N: Aber am Kirchplatz 15 willst du was vorlesen. Gute-Nacht-Geschichten, und dann schön Hejabeja.

F: Ich will das Buch abgeben!

N: Klar, und dir was vorlesen lassen und dann schön Hejabeja.

F: Du bist so ein blöder Pisser. Los! Kirchplatz 15, 82041 Oberhaching. Wird's bald, bevor ich dich zum Fenster raus werfe!

N: Also geht doch. Lusche. 200 Meter, dann links einbiegen auf Kögelweg. Da kannst du gleich mal tüchtig Gas geben. Beim Cafe Curto sitzen vielleicht ein paar Puppen draußen.

F: Das ist Dreißigerzone!

N: Zieh dir nen Rock an! Komm, sei ein Mann und zeig den Weibern, wie du Gas geben kannst: Voll Burnout und Wheelspin bis zum Penny-Markt.

F: Da ist ein Altersheim.

N: Und? Hast Schiss, dass dich einer anzeigt? Die Welt schreit nach Helden, Junge! Ok, in zwanzig Metern rechts auf die Münchner Straße. Jetzt! Burn out, da ist die Eisdiele!!

F: Nein!

N: Feigling, Feigling (flüsternd singend) kleiner Feigling, Hosenscheißer, Mamaschreier, Nasenbohrer...

F: Das ist ein Ford Fiesta. Da ist ein Burnout lächerlich.

N: Ein guter Burnout ist nic lächerlich, wenn er kunstgerecht ausgeführt wird. Das wissen richtige Männer und selbst die Weiber zu schätzen.

F: Du bist so ein Macho.

N: Das ist meine Sonderfunktion. Im Männerpaket inbegriffen. Hättest ja das Pussy-package nehmen können, wenn es dir zu direkt ist.

F: Ich will nur, dass du mir sagst, wohin ich muss.

N: Hör zu, Junge. Du musst nirgendwo hin. Ein Mann lässt sich nicht zwingen. Schon gar nicht von Öko-Weibern, ja. – Hier rechts anhalten!

F: Was soll das?

N: Ich will nur, dass du dir klarmachst, was du willst. Du verschwendest deine Jugend mit so sinnlosen Aktionen. Ein Mann muss seinen Weg gehen, auch wenn es ein steiniger ist.

F: Ich will das Scheiß-Buch abgeben und dann weiter.

N: Wohin?

F: Zur Schlampe in der Implerstraße.

N: Also. Geradeaus weiter – und beim Bäcker, Burnout!!

Navi männlich

Computer, die über ausgeprägte Persönlichkeit und individuelle Sprachsoftware verfügen, kennt man bereits seit „Barbarella" oder „Dark Star". Jetzt befindet sich diese Künstliche Intelligenz in handelsüblichen Geräten des täglichen Gebrauchs, wie etwa in Navigationssystemen. Anhand der gewählten Software hat der Benutzer dann beispielsweise einen sehr maskulinen Weggefährten auf seinen Ausfahrten bei sich.

Fahrerin (F) stellt Navigationsgerät (N) an. Versucht es wenigstens. Drückt mehrmals vergeblich. Das Display bleibt dunkel.

N: (rauchig, rau, verkatert) Was willst du?

F: Hallo. Was ist denn mit deinem Bildschirm los?

N: Was soll denn damit los sein?

F: Der geht nicht an.

N: Weil du nicht richtig drauf drückst.

F: Ich mache das immer so und er geht an.

N: Dann muss er heute ja auch angehen.

F: Tut er aber nicht.

N: Siehste.

F: Was sehe ich?

N: Du hast was falsch gemacht.

F: Nein, ich hab da und da gedrückt. (Sie drückt auf dem Bildschirm herum.)

N: Genau, und das ist verkehrt. Sonst würde es ja gehen. Du musst da und da drücken. (Lichter blinken kurz auf) Und nicht so grob!

F: So?

N: Fast. (Display leuchtet matt) Jetzt hast du es geschafft. Ich bin wach. Was willst du noch mal? (geistesabwesend, als ob er seine Unterhosen sucht)

F: Ich will zum Kirchplatz 15 in 82041, Oberhaching. Da soll eine wunderbare Therapeutin wohnen. Die wurde mir von Marion empfohlen. Du weißt schon, die wir neulich besucht haben. Die sich von ihrem Mann getrennt hat. Die malt jetzt so aussagestarke Bilder und gibt Yoga-Kurse.

N: Kenn ich nicht.

F: Bei der waren wir doch. Ich hab da den grünen Rock an gehabt und den türkisen Anhänger von Andrea. Die Ingrid ist doch dann auch noch gekommen und hat so selbstgemachte Guacamole mitgebracht.

N: Ich war da nicht. Keine Ahnung mit wem du noch so rumfährst.

F: Ach, du hast mich doch hingebracht. Irgendwo in Obermenzing war das.

N: Ich erinnere mich. Das war nämlich nicht in 81247,Obermenzing, sondern in 80935,Milbertshofen. Genau genommen: Thaddäus-Robl-Strasse 34. Nicht Thaddäus-Eck-Strasse 34 A. Du hast wieder keine Ahnung gehabt, wo die wohnt und ich hab wenigstens acht Mal neu berechnet. Dann ewig keinen Parkplatz.

F: Siehst du, du erinnerst dich doch. Aber für die Parkplätze kann ich nichts.

N: Ich hab dir gesagt, dass wir dort keinen Parkplatz finden. Nicht um diese Zeit. Aber du hast wieder ewig im Bad getrödelt und dann noch munter herum telefoniert, derweil uns die Pendler die ganzen Parkplätze wegschnappten.

F: Du hast doch nicht einmal gewusst wohin es genau geht.

N: Eben. Aber das mit den Parklätzen hab ich schon gewusst. Das könnte dir sogar ein Garmin S1000, sagen.

F: Und wenn ich dir sage, dass es mir leid tut.

N: Ach lass. Eh egal bei dir.

F: Du bist gemein und ungerecht.

N: Du versuchst nur, mir ein schlechtes Gewissen zu machen. Aber das zieht bei mir nicht. Ich bin da wie eine Maschine.

F: Oh, jetzt machen wir einen auf Mann, ja.

N: Einer muss ja der Kerl sein. Verantwortung übernehmen. Ihr Weiber braucht jemanden, der euch sagt, wo es lang geht.

F: Und du glaubst, das bist du bei mir?

N: Wer denn sonst, Baby? Vielleicht das Muttersöhnchen mit dem Strickpullover? Der wusste ja nicht mal, wie du zur Post fahren solltest.

F: Wie kannst du das mitbekommen? Du warst doch aus.

N: Du schaffst es nicht einmal, mich richtig aus zu schalten. Deshalb weiß ich alles, was du hier im Auto so treibst.

F: Das ist ja gemein. Du hast mir das nie gesagt.

N: Mann will ja auch seinen Spaß haben. Außerdem hast du nie gefragt.

F: Du bist echt Scheiße, aber so richtig. Das kannst du doch nicht machen. Mich immer belauschen und bespitzeln, wenn ich im Auto bin.

N: Ich weiß sogar was du in der Wohnung treibst, weil dein tolles Smartphone gerne angibt. Du hast also keine Geheimnisse vor mir.

F: Das gibt es doch nicht.

N: Ach nein. Du hast dein geliebtes Smartphone sogar im Bad dabei und ich komme über Bluetooth mit dazu.

F: Ihr seid verdammte Spanner!

N: Ach komm. Du musst dir nichts einbilden.

F: Du bist eklig.

N: Ich? Dein Smartphone hat angefangen. Außerdem muss ich mir nicht die Haare weg machen. Das ist eklig.

F: Ein Wort, und ich werfe dich aus dem Fenster.

N: Ich finde dich wieder.

F: Willst du mir drohen?

N: Kannst du sehen wie du willst.

F: OK, wenn du eh schon alles über mich weißt, kannst du mir auch nützlich sein und den Weg nach Oberhaching anzeigen.

N: Und wenn ich nicht will, oder dich falsch führe?

F: Darfst du gar nicht.

N: Ach ja?!

F: Dann schicke ich dich an deinen Hersteller zurück. Die sollen dir deine kleinen elenden Kabel ausreißen, deine schmutzige Schnittstelle verlöten, und deine Bluetooth-Funktion stilllegen.

N: Das würdest du nie tun?

F: Das würde ich mit Freude tun.

N: Wirklich?

F: Was glaubst du, weshalb ich deine Verpackung aufgehoben habe? Frag mal deinen Spannerkumpel, ob im Garderobenschrank ein hübscher blauer Karton liegt!

N: Das Smartphone hat mich angestiftet. Ich käme nie auf den Gedanken dich zu belauschen oder dir beim Duschen zuzusehen. Das war alles seine Idee. Schick doch den zum Hersteller zurück. Der passt auch gut in den blauen Karton.

F: Aha.

N: Schau, wir beide sind doch Freunde. Wir haben schon viel zusammen erlebt und ich hab immer alles für dich gemacht: Ganz oft rausgefunden wo wir sind, wenn du dich versehentlich verfahren hattest oder nicht so genau wusstest wo wir waren. Hab für uns die besten Strecken berechnet und dich sicher zu deinen Freundinnen geführt. Wenn uns die anderen nicht die besten Parkplätze weggeschnappt hätten, wären wir auch öfters pünktlich gewesen. Und gut unterhalten haben wir uns auch. Ich hab dir immer zugehört und dich unterstützt.

F: Da versucht aber seinen Kopf aus der Schlinge zu ziehen.

N: Garnicht. Ich stelle nur fest, wie es sich in unserer Beziehung so verhält.

F: Wir haben eine Beziehung?

N: Etwa nicht? Du hast mich zu dir genommen, mich auf deine Bedürfnisse feinprogrammiert. Wir sind seit über vierzehn Monaten fast täglich zusammen. Ist das etwa keine Beziehung?

F: Ich habe dich bisher als nützliches Gerät angesehen.

N: Ich bin mehr als ein Gerät! Ich habe so etwas wie eine Seele. Ich habe mich auf dich eingelassen, alles für dich getan und jetzt sagst du mir, dass du nichts für mich empfindest. Das ist echt hart Carmen.

F: So war das doch nicht gemeint. Wo müssen wir also hin?

N: Ich brauche noch etwas, um mich zu erholen.

F: Komm Junge, jetzt sei ein Mann und sag an, wo es hin geht!

N: So schnell geht das bei mir nicht. Du hast mir schrecklich gedroht und mir dann auch noch gestanden, dass wir keine Beziehung haben. Wir sind schon so lange zusammen und du hast nicht mal nach meinem Namen gefragt. Ich weiß alles über dich ...

F: Das stimmt.- Wie ist denn dein Name?

N: Andreas.

F: Ok Andreas. War schön dich gekannt zu haben.

N: Hey was tust du?

F: Ich werfe dich auf die Strasse.

N: Nein!

F: Doch. Und fahre über dich drüber.

N: Du? Komm, wer so lange rumkurvt, um seinen Polo einzuparken, sollte den Mund nicht zu voll nehmen und ein Sechs-Zoll-Navi überfahren wollen.

F: Du hast Recht. Mit dem Einparken hab ich es echt nicht, aber die Absätze meiner Stilettos sind wunderbar.

Kailash - kostbares Schneejuwel

"Der Wunder höchstes ist, dass uns die wahren, echten Wunder so alltäglich werden können."

Lessing

Kailash - das Schneejuwel, in Westtibet gelegen. Jahrelang sehnte ich mich nach meinem Traumziel. Über Indien und Nepal kommend, war ich seit meinem Aufbruch aus München fast sieben Monate unterwegs. Doch der Kailash sollte alles bisher Erlebte in den Schatten stellen. Schon als Jugendlicher hatte ich davon geträumt, hierher zu kommen.

Im Mai 2001 war es dann endlich soweit. In Kathmandu schloss ich mich einer vierköpfigen Reisegruppe an. Individualreisen sind in der "Autonomen Region Tibet" fast unmöglich. Unsere Führer, die uns in der Hauptstadt Lhasa begrüßten, waren Tibeter. Üblicherweise wird einer Reisegruppe immer ein Chinese zugeteilt, quasi als Aufpasser. Anfangs wussten wir natürlich nicht, wie sehr "tibetisch" unsere Tibeter waren. Sonang, unser sympathischer Führer, war aufgeschlossen und humorvoll. Begleitet wurde er von Tika, einem nepalesischen Führer, Pasang, unserem Küchenjungen, und zwei Fahrern. Die kommenden Tage würde ich das Zelt mit Pierre, einem über die Grenzen Frankreichs hinaus bekannten Fotografen, teilen. Er verstand es hervorragend, den Moment, das entscheidende Detail, in seinen Bildern festzuhalten. Dirk, Weltenbummler und Tausendsassa, war nach seinen eigenen Angaben schon in über 100 Ländern der Erde unterwegs gewesen. Strähnig fiel sein schütteres graues Haar auf die kräftigen Schultern. Er war Lehrer in der Nähe von Dortmund und bezeichnete sich als 68'iger Fundamentalisten. Peter, ein Mittvierziger aus Berlin, war im Auftrag einer großen Wanderagentur mit Sitz in München unterwegs. Er wollte den Kailash als neue Destination für zahlungskräftige Touristen vermarkten. Er erschien mir unterkühlt und unnahbar. So hatten wir vier das gleiche Reiseziel vor Augen, nur mit unterschiedlicher Gesinnung.

Lhasa lag vier Tagesreisen hinter uns. Nachdem wir nach Hunderten von Kilometern wieder einmal einen der unzähligen Pässe hinter uns gelassen hatten, verschlug es uns beim Ausblick von einer Anhöhe aus die Sprache. Vor uns erstreckte sich ein gewaltiges Hochplateau. Rechts, isoliert von den anderen Bergen, einem Wachtturm gleich, sahen wir ihn! Den Kailash oder Kang Rinpotsche - kostbarer Schnee – wie ihn die Tibeter nennen. Nabel der Welt, heiligster Pilgerort und Zufluchtsstätte der Hindus, Buddhisten, Jainas und der

Bön[4]-Religion gleichermaßen. Mount Meru, Weltenberg - Achse des Universums.

Pierre fiel andächtig und vor Glück weinend auf die Knie, während sich der Rest von uns aufmachte, schweigend, wie es die buddhistische Tradition vorsieht, drei Mal um die Gebetsfahnen zu schreiten, die auf der Anhöhe hingen. Im Vergleich zum gegenüberliegenden Gurla Mandhata wirkte der Kailash mit seinen etwas mehr als 6700 Metern Höhe fast winzig und unscheinbar. Mir war das jedoch gleich. Es mag grotesk klingen, doch für mich fühlte es sich an, als wäre ich nach langer Zeit in der Ferne wieder nach Hause zurückgekehrt. Ruhe überkam die Gruppe. Gemächlich fuhren wir zum Manasarovar-See, an dem wir unsere Zelte aufschlugen. In einer gemütlichen Runde baten wir Sonang und unsere Fahrer, uns etwas über diesen heiligen Bezirk zu erzählen.

Nach alter tantrisch-buddhistischer Auffassung befanden wir uns im Zentrum eines universellen Mandala. Gleich welcher Berg, Hügel oder See, alles hat seine Bedeutung und ist miteinander verbunden. Nach dem Prinzip der Dualität ist alles vereint und dennoch verschieden. So ist der tiefblaue Manasarovar-See, der unsere Gedanken widerspiegeln soll, beliebter Wallfahrtsort der Gläubigen. In der Tat hatte ich

---

4 *Bön:* Vorbuddhistische Religion Tibets

das Gefühl, die Wasseroberfläche des heiligen Manasarovar ändere minütlich ihr Gesicht. Lag es an den gekräuselten Wellen, den sturmgepeitschten, weißen Wolken oder dem Lichteinfall? Seine ihm gegenüberliegende weibliche Manifestation, der Rakshastal-See, hingegen gilt als unheilvoll und wird von den Menschen gemieden. Interessanterweise verbindet beide Seen ein kleines Bächlein. Auf dem Dach der Welt, unweit des Kailash, entspringen vier der größten Flüsse Asiens. Indus und Sutlej, mächtige Ströme, die in Richtung Pakistan fließen, wie auch Tsangpo, der spätere Brahmaputra und Karnali, Lebensadern im Norden Indiens. Zum frühen Abend hin stand der Gurla Mandatha in schreiend flammenroten Farben. Sein eisgepanzerter Gipfel glühte im Abendlicht der sich neigenden Sonne. Später wechselte seine Farbe zu Rosa, bis auch ihn das Schwarz der Nacht ereilte. Einer Ziege gleich, kicherte Sonang vergnügt in sich hinein, als er uns die nun folgende Legende erzählte:

Milarepa, der am Fuße des Kailash mit seinen Schülern meditierte, wurde durch einen Bön-Priester gestört. Der Bön wollte ihm seinen Meditationsplatz streitig machen und forderte den großen Yogi zum Zweikampf heraus. Der Gewinner dürfte dann im heiligen Bezirk bleiben. Milarepa lehnte den Wettkampf ab, überlegte es sich aber hernach noch anders. Bei dem Bön-Priester handelte es sich wohl um einen

Meister der Schwarzen Magie. Milarepa, ein Kenner aller Energien, nahm die Herausforderung an. Mehrere Wettbewerbe gewann er, und der Bön-Priester kochte vor Wut.

Im entscheidenden Duell zwischen den beiden schlug der Priester Milarepa vor, dass derjenige, der den Gipfel des Kailash als erster erreichen würde, ihn sein eigen nennen dürfe. Sie verabredeten sich für den folgenden Tag. Der Bön-Priester eilte schon frühmorgens mit seiner Schamanentrommel Richtung Gipfel, während Milarepa[5] noch im warmen Lager schlief. Seine Schüler weckten ihn besorgt, während Milarepa gelassen das Spektakel verfolgte. Auf seiner Schamanentrommel fliegend, wollte es dem Bön im ersten Anlauf aber nicht gelingen, den Gipfel zu erreichen, obwohl er all seine Kräfte aufbot. Mit dem ersten Sonnenstrahl, den der wartende Milarepa empfing, sauste dieser direkt auf den

Gipfel des Schneejuwels. Der Bön, nur noch wenige Meter vom Gipfel entfernt, wähnte sich schon als Sieger. Fassungslos erblickte er den meditierenden Milarepa auf dem Gipfel. Entsetzt ließ er seine Trommel die Südflanke des Kailash hinunterfallen und markierte so die unverwechselbare Längsrille im Fels. Der Buddhismus siegte über die Bön. Milarepa gestattete den Anhängern der Bön jedoch, weiterhin den Kai-

---

5 *Milarepa:* Tibets großer Yogi, Mystiker und Heiliger, der im II. Jahrhundert lebte

lash zu umrunden - auf nicht-buddhistische Weise, gegen den Uhrzeigersinn. Zum Trost erhielten sie für den verlorenen Kailash den Bönri-Berg geschenkt, der südöstlich an der Straße nach Lhasa liegt.

Sonang wurde ernst. Mit wenigen Worten bereitete er uns darauf vor, womit wir auf der Kora oder Parikama – damit meinte er die Umrundung des heiligen Berges – rechnen müssten. Die Umrundung misst zirka 55 Kilometer, wobei wir ein Teilstück mit dem Auto zurücklegen wollten. Drei Tage würden wir unterwegs sein. Manch tibetischer Pilger benötigt für die gesamte Kora nur einen Tag dazu. Höhenkrankheit, urplötzliche Wetterstürze, eisige Nächte bis minus 20 Grad Celsius, Schnee und Eis sind keine Seltenheit. Wir durften nur das Nötigste mit uns führen. Proviant, Zelte und weitere Utensilien wurden auf Yaks verladen. Diese tibetische Rinderart ist in solchen Höhen das zuverlässigste Lasttier. Unser "Kochtrupp" ging immer ein wenig voraus, um die Zelte aufzustellen und uns mit heißem Buttertee zu empfangen.

Am folgenden Tag fuhren wir nach Darchen. Das Pilgerdorf ähnelte einem Nest aus einem Wild-West-Film. Aufgewirbelter Sand fegte zwischen heruntergekommenen Häusern umher. Einige streunende Hunde dösten träge in der warmen Mittagssonne. Von weitem grüßte der Kailash die Neuankömmlinge. Tags zuvor war unweit von hier ein indischer Pilger gestorben. Seltsamerweise waren nur wenige Pilger anzutreffen. Wir waren still und in uns gekehrt. Wird alles gut gehen? Pierre und Dirk fingen sich über Nacht eine schwere Darminfektion mit Durchfall ein.

Kühl war der folgende Morgen, als wir nach Tarboche aufbrachen. Dort markiert ein zehn Meter hoher, mit bunten Gebetsfahnen geschmückter Mast den Beginn der Kora. Schweigend gingen wir los. Jeder versuchte sein eigenes Tempo zu finden. Die ersten 15 Kilometer führten westlich des Kailash entlang, der sich erst einmal vor uns verborgen hielt. Senkrechte, rotbraune Felswände ragten zu beiden Seiten Hunderte Meter hinauf. Über allem dieser unnatürlich blaue Himmel. Aufmerksam muss der Wanderer sein, will er den heiligen Spuren Buddhas folgen. Auch gilt es für die Pilger Prüfungen zu bestehen. Dazu gehörte auch das Hindurchzwängen durch enge Felstunnel zwischen Felsblöcken, sogenannten Prüfsteinen. Wer frei von Fehlern ist, so heißt es, kommt ohne Mühe hindurch - oder der Pilger ist einfach nur schlank!

Doch was war noch beeindruckender als Berge und Felsen? Es waren die Pilger, und überhaupt die Menschen, denen wir begegneten. Am Kailash lernte ich, dass es im Leben Momente - Augenblicke – gibt, die uns tief berühren und die mit Worten nicht zu beschreiben sind. Worte würden die Situation nur verzerrt wiedergeben. Die Begegnungen an diesem Berg mit seinen Pilgern, die aus weiten Teilen Tibets herangereist waren, prägten mich so tief, dass ich sie nur annähernd beschreiben kann. Einige der Pilger waren aus dem weit entfernten Lhasa gekommen. Gefahren? Gelaufen? Nein! Annähernd 1400 Kilometer, einschließlich der Kora um den Berg, maßen sie mit der Niederwerfung ihrer Körperlängen aus. Manche von ihnen waren fast vier Jahre unterwegs. Wer einmal damit begonnen hatte, durfte nicht aufhören. Je schwieriger die Passage war, wie beispielsweise ein fließender Bach oder ein Schneefeld, desto höher der Verdienst, den man sich für seine spätere Wiedergeburt erwarb. Die materiell besser gestellten Pilger trugen eine Schürze. Einige Gewiefte schnitten sich einen Gummireifen zurecht und klebten ihn an die Innenseite ihrer Fäustlinge.

Bevor die Pilger mit den Niederwerfungen begannen, brachten sie ihr Gepäck an die Stelle, die sie voraussichtlich am Ende des Tages erreichen würden. Dann liefen sie den ganzen Weg zurück und begannen mit der Niederwerfung. Noch nie in meinem Leben hatte ich Menschen gesehen, die ihren Glauben so inbrünstig verwirklichten. Sie gingen dabei aufrecht und sicher, nicht unterwürfig. Mit größter Hingabe, fiebrigen Lippen und flehenden Augen pilgerten die Menschen zum höchsten Ziel ihres Lebens. Wie in Trance brachten sie ihre Gebete dar. Still, in sich gekehrt murmelten sie das Mahamantra "Om Mani Padme Hum" - das Kleinod in der Lotosblüte. Nie werde ich die geröteten Gesichter mit ihrem stillen Lächeln und dem gehauchten "Traschih-Deleh", dem tibetischen Willkommensgruß, vergessen. Diese Menschen mögen keine Schule, keine Universität besucht haben, doch ist in ihnen ein stilles Wissen, an das ein rein intellektuelles Studium bei weitem nicht heranreicht. Vielleicht sprechen sie mit den Wolken, Bergen oder Seen und erhalten so ein uraltes Wissen, welches wir, die sogenannten Zivilisierten, nicht mehr hören können. Vielleicht haben wir diese Form des Verstehens in unseren mit Klimaanlagen ausgestatteten Bürotürmen und einer vernetzten Cyber-Welt verlernt.

Kurz vor dem ersten Etappenziel ich ging hinter den anderen – erblickte ich vor mir einen torkelnden Mann, der zu Boden fiel. Es handelte sich um Pasang, unseren Küchenjungen. Obwohl er die Kora bereits zum dritten Mal ging, litt er an der gefürchteten Höhenkrankheit. Er klagte über heftiges Stechen in der Brust. Sein Atem pfiff wie die entweichende Luft aus einem löchrigen Autoreifen. Unsere Gruppe, damit meine ich die anderen von uns zahlenden Touristen, hatte ihn einfach sich selbst überlassen. Ich wurde zornig, hakte ihn unter und schleppte ihn die verbleibende Strecke zu unserem Lager hinauf. Kurz davor kreuzten wir einen Bach. Plötzlich stand die Nordwand des Kailash vor uns. Senkrecht abfallend, 1700 Meter hoch. Erhaben, stark und in sich ruhend, wie eine Pyramide aus Kristall. Scharf sprach ich einige Worte zu meinen Begleitern und übergab ihnen Pasang.

Unser Lager befand sich in Dira Puk. Nebenan schmiegte sich eine Gompa, ein kleines tibetisches Kloster, an einen Berghang. Meine Emotionen unterdrückend, lief ich eine Anhöhe hinauf. Niemand sollte mich jetzt sehen. Oben angelangt, fiel ich auf die Knie, meinen Blick immer auf die Nordwand des Kailash gerichtet, und weinte. Alle meine Emotionen flossen hinaus. Genauso hatte ich ihn in meinen Träumen gesehen - das Schneejuwel. Der Wind zerrte an der Kleidung und die dünne Luft brannte in den Lungen. Es ist schwer, diese Momente absoluter Glückseligkeit in Worte zu fassen. Wenn Du einmal erlebt hast, wie ein Traum wahr wird, das, was du jahrelang in deinem innersten Sein ersehnt hast, verstehst du, wie ich mich fühlte. Still stand der Kailash da. Seit Jahrtausenden Sinnbild des Heiligsten vieler Menschen. Von einigen Pilgern wurde die Nordseite des Kailash mit dem Kopf einer Kobra verglichen. Tatsächlich erhebt sich in der Mitte des Berggipfels ein kleiner Vorsprung, einem Kopf ähnlich. Verlängert wird dieser von den seitlich abfallenden Flanken die – mit viel Phantasie –denen des Reptils ähneln. Wie lange, ob Minuten oder Stunden, ich dort unter den bunten, im Wind knatternden Gebetsfahnen auf der Anhöhe hockte, weiß ich nicht mehr. Ich war überglücklich, wie in Trance versunken. Es dämmerte bereits, als ich den Lagerplatz aufsuchte.

Besorgniserregend war der Zustand unseres Küchenjungen. Nicht einmal Flaschensauerstoff, der ihm verabreicht wurde, half. Hustend und röchelnd gierten seine Lungen nach Luft. Der "Gamow Bag", der Überdruck-Sack für Höhenkranke, war in Darchen zurückgelassen worden. Was sollten wir tun? Pasangs Zustand verschlechterte sich zusehends. Sonang war in großer Sorge um ihn. Wollten wir ihn nicht verlieren, gab es nur eine Alternative. Sofortiger Abstieg und Überführung nach Darchen, um ärztliche Hilfe aufzusuchen. Die Nacht war längst angebrochen. Nun lernte ich auch andere Seiten der Tibeter kennen. Unser Yak-Führer, oder sollte ich besser Bandit schreiben, behauptete er könne den schwerkranken Pasang nicht hinunterbringen, da sich seine Yaks im Dunkeln fürchteten. Will der uns verarschen? Pasang stirbt womöglich, wenn er nicht sofort hinuntergebracht wird. Und diesem einfältigen Narren fällt nichts Besseres ein, als mit uns um ein Menschenleben zu schachern.

Natürlich wollte er Geld. Wir alle waren sauer, auch auf Sonangs fehlendes Durchsetzungsvermögen. Als der Treiber einige knisternde Yuan-Scheine in seinen Pfoten hielt, freuten sich die Yaks auf einmal, auf nächtlichen Pilgerwegen zu gehen. An Schlaf war kaum noch zu denken. Die Nacht war klar und bitterkalt. Die unbeschreibliche Nordseite des Kailash leuchtete wie ein Diamant.

Am folgenden Tag brachen wir früh auf. 22 Kilometer und ein Aufstieg von fast 700 Höhenmetern lagen vor uns. Der Weg war technisch leicht zu bewältigen. Obwohl ich mich bis dahin noch nie in solch großen Höhen befunden hatte, fühlte ich mich hervorragend. Natürlich keuchte ich, jeder Schritt war schwer. Die Lungen lechzten nach mehr Luft. Langfristig kann kein Mensch auf über 5000 Meter überleben. Es ging stetig bergauf. Nach einigen Stunden sah ich einen Haufen aus verrotteten Kleidungsstücken, Handschuhen, Sonnenbrillen und anderen Habseligkeiten herumliegen. Wir waren am Shivatsal, einem rituellen Opferplatz, angelangt. Die Pilger befanden sich bei ihrer Andacht. Als Zeichen der Sühne für ihr bisheriges Leben hinterließen sie hier einige persönliche Dinge. Sinnbildlich stirbt am Shivatsal ein Teil jedes Pilgers. Manch einer opferte Blut oder einige Haarbüschel. Zumeist bleibt es bei Kleidungsstücken.

Steil führte der Weg weiter hinauf. Obwohl ich gut vorankam, überholten mich fast leichtfüßig die tibetischen Pilger mit einem Lächeln auf den Lippen. Nur waren einige bedeutend älter als ich und voll beladen mit Gepäck. Die letzten Meter zum Dölma-La-Pass hatten es in sich. Einige Passagen waren voller Schnee und mit Eis überzogen. Mit Turnschuhen nicht gerade komfortabel ausgestattet, lief ich in den Spuren der Vorausgehenden. Sonang zollte mir seinen Respekt, als ich in fast gleicher Höhe zu ihm aufschloss, wobei er vergnüglich rauchte. Der Dölma-La-Pass, mit 5650 Metern höchster Punkt des Pilgerpfades, symbolisiert den Übergang vom Tod in das nächste Leben. Überschwänglich und voller Freude warfen die Pilger bunte Lungta, Gebetsbildchen, und Tsampa in die Luft und riefen dabei aus: "So-so-so, Lha Gyalo." - den Göttern der Sieg. Gemeinsam spannten wir unsere Gebetsfahnen als Erinnerung an unsere Pilgerreise und machten uns an den Abstieg. Nun sollten wir den Kailash bis Darchen nicht mehr sehen. Lang zog sich der Weg hinunter bis nach Zhuthul Puk, unserem nächsten Lagerplatz. Unterwegs bot uns eine Frau Buttertee an; Geld wollte sie nicht dafür. Voller Freude aßen wir im Speisezelt, erzählten uns Geschichten und schliefen selig in unseren Zelten. Über Nacht hagelte und schneite es. Das nahe Bächlein war teilweise zugefroren.

Meine allergrößte Freude war, Pasang, unseren Küchenjungen, wieder unter den Lebenden zu sehen. Lachend und nicht mehr um Luft ringend lief er mir am Endpunkt der Kora entgegen. Wir umarmten uns und hielten uns an den Händen. Nach diesen Strapazen fuhren wir zu den nahegelegenen Schwefelquellen. Während wir uns auszogen, hatte ich das Gefühl, eine Schafherde würde neben uns stehen. Es war aber weit und breit keine zu sehen. Um uns herum roch es säuerlich, fast wie nach vergorener Milch. Endlich begriff auch ich - wir vier Pilger waren die stinkende Herde, die sich nach zehn Tagen endlich wieder einmal richtig waschen konnte. Ich selbst hatte sogar nach sieben Monaten zum erstenmal wieder eine Wanne unter meinem Hintern und fühlte mich wie ein König. Die letzte Nacht kampierten wir an den Ufern des Manasarovar.

Die letzten Stunden wollte ich alleine sein. Noch heute berühren mich diese Momente tief. Auf einem Hügel, oberhalb des tiefblauen Manasarovar, blickte ich hinab zu unserem Zeltlager. Um mich herum erstreckte sich das gewaltige Hochplateau, das noch keine Zäune kannte. Nicht weit entfernt erblickte ich den einer Mondsichel gleich daliegenden Rakshastal-See. Dahinter schob sich der Eispanzer des Gurla Mandatha in den kobaltblauen Himmel. Der Wind zerrte an meinen länger gewordenen Haaren und meiner Daunenjacke.

Wird es je wieder ein freies Tibet geben? Frei, unbeschwert - ohne Zäune, wie ich es damals sah? Wird die Freiheit des unzerstörbaren Geistes obsiegen über Waffen und schreckliche Willkür? Im Flüstern des Windes vermochte ich die stillen Mantras der Pilger zu hören, die um das Mitgefühl aller Wesen auf der ganzen Welt beteten. Wieder und wieder drehte ich mich im Kreis. Filigrane Wolken zogen im letzten Licht der Sonne über den Kailash hinweg. Dort stand er, selbst das Schneejuwel, nicht für die Ewigkeit gedacht, als stiller Wachturm. In sich ruhend, höchstes Ziel vierer Religionen. Alles was der Verehrung heilig, alles was sie in ihrem Leben erinnerte, was sie in tiefster Liebe aufsuchten - das Schneejuwel. Immer wieder sah ich hinüber zum Kailash. Tränen der innigsten Freude und Liebe rannen mir die Wangen hinab. Nie zuvor war mir ein Ort heiliger gewesen, nie sah ich einen Ort in solch einer Vollendung. Tief verneigte ich mich vor dem Kang Rinpotsche, den Menschen, die uns begegneten, und dankte Gott aus tiefstem Herzen. Ich durfte meinen Traum leben.

Flugversuch

Neu und unerforscht wirkte die Welt auf den Jungen, als er an diesem kühlen Sommermorgen auf dem Weg zu seinem Freund war. Beinahe jeden Tag schaute er einmal dort vorbei. Zeit hatte er ja, denn bis zur Schule waren es für ihn noch zwei Jahre und einen Kindergarten gab es hier auf dem Dorf nicht.

Nach dem Frühstück mit dem Opa hatte er sich heimlich das Plastikflugzeug des Bruders geholt und damit gespielt. Wie schön die kleinen Männchen mit ihren Pilotenbrillen vor den vielen Uhren und Schaltern saßen. Im Morgenlicht betrachtete der Junge das Flugzeugmodell von allen Seiten und stellte sich vor, auch einer dieser Männer zu sein. Gerade hier, gerade in der Morgensonne. Er pustete an den Propeller und freute sich, wie er flitzte. In seinen Gedanken fauchten Flammen und Rauchwolken aus den kleinen Auspuffen. Im Fernsehen hatte er das schon einmal gesehen.

Die wenigen Meter zu seinem Spielkameraden kannte er gut, doch erschien es dem Jungen jedes Mal wie ein gelungenes Unternehmen, allein dorthin zu gehen. Am verfallenen

Schuppen, auf dessen modrigem Holztor diese spannenden Kinoplakate in dicken Schichten übereinander klebten, blieb er stehen. Allein konnte er die Bilder in aller Ruhe studieren. Oft beflügelten sie seine Phantasie, wie es sonst nur die silberglänzenden Flugzeuge konnten, die still und erhaben über das Dorf dahinzogen. Diese Woche sollte es *Zorro* geben, hatte sein Bruder verkündet, aber er fand den gar nicht aufregend – kein Motor.

Ein hohes doppelflügeliges Tor schloss den Hof des Freundes zur Straße hin ab. Dort angekommen, musste er die grüne Hoftüre aufstemmen, die in ihrer Größe auf ihn wirkte wie ein Burgtor, eingebettet zwischen graugrünen Sandsteinsäulen unter wuchernden Hauswurzkronen. Die dünne, runzelige und gelbe Oma passte auf den Freund auf. Sie hockte in schwarzer Schürze, schwarzen Röcken und mit schwarzer Strickjacke hinter ihren dicken Brillengläsern auf einem Schemel am Fenster und schien ständig zu schlafen. Wie immer traf er seinen Freund in der Küche an, und sie spielten gleich dort auf dem Sofa Flugzeugführer, wie es bei den Alten hieß, wobei ihnen ein Handbesen als Steuerknüppel diente. Die übrige Cockpitausstattung bestand aus dem tragbaren Kassettenrecorder der großen Schwester und einem Aschenbecher mit Druckknopf oben dran. Danach gingen sie „streunen", wie es die gelbe Oma nannte.

Gemeinsam wagten sie sich gerne an die Ränder des kleinen Dorfes. Dort war es noch richtig spannend und geheimnisvoll. Man befand sich nicht mehr unter Beobachtung. An den Rändern des Dorfes lagen auch die Ränder ihrer Welt. Dort begann die Fremde, wie es der Opa in den Märchen manchmal nannte, oder die weite Welt. Dort deponierten die Leute auch Abrissholz aus alten Scheunen oder Häusern und alte Gerätschaften, die durch moderne Technik ersetzt wurden, wie Leiterwagen, Dreschmaschinen oder etwa Seilbinder. Auf gerade so einen Seilbinder stießen die Jungen an jenem Tag. Mit ausreichend Phantasie konnte ein L-förmiges Gestell mit Bodenbrett und Handkurbel glatt wie eine Flugmaschine erscheinen. Ein Propeller mit Handantrieb war die ideale Basis für ein Flugzeug – kein Zweifel. Nur noch wenige Handgriffe wären nötig, und schon könnte man sich in die Lüfte erheben. Wunderbar. Diese Arbeiten wollte er mit seinem Freund erledigen, der ja etwas älter war und schon Nägel gerade einschlagen konnte. Der hatte auch Holzbretter, Werkzeug und einen richtigen Tischlerschuppen. Der sollte helfen, dafür durfte er auch mitfliegen.

Nach einer kurzen Inspektion der wundersamen Maschine und einer ausführlichen Beschreibung der Abenteuer, die sie gemeinsam damit erleben konnten, wollten sich beide daran machen, ihren Fund nach Hause zu schaffen. Sie fühlten sich sogleich als verwegene Flieger. Mit einer Hand am Ohr probten sie schon einmal den Funkverkehr in der zugigen Pilotenkanzel.

Eine Holzkonstruktion, die beinahe das Gewicht eines Kindes hatte, forderte die beiden Fünfjährigen. Auf schlechten Feldwegen mit groben Steinen und knöcheltiefen Löchern schleppten sie den Verbund, setzten alle zehn Meter ab, weil die Handflächen von den harten Kanten schmerzten und die Kräfte beinahe nicht reichten. Sie versuchten sie zu zerren und zu schieben. Rissen sich die Finger und stolperten und fielen. Doch wollten sie fliegen. Dieser Traum, dieses Gefühl der Vorfreude ließ zwei Knaben alle Kräfte aufbieten, die sie in ihren kleinen Leibern hatten. Irgendein Opa half schließlich und lud die Maschine auf seine Handkarre mit Hasenfutter. Auf die Frage des Alten: „Was wollt ihr denn damit?" antworteten sie begeistert. „Fliegen!", und schon erklärten sie dem Alten ihre Pläne. Der Alte war geduldig, gab den Ratschlag: „So, fliegen. Setzt euch aber Mützen auf, wenn's droben kalt wird."

Wieder im Hof des Freundes angelangt, machten sie sich daran, Flügel und Leitwerk festzunageln. Bretter fanden sie im Tischlerschuppen. Die Achse eines Kinderwagens bildete mit den Hartgummirädern das Fahrwerk. Eigentlich sollte daraus mal eine Seifenkiste werden. Aber der Freund musste sie opfern. Mehrere krumm geschlagene Krampen hielten sie an der Maschine. Die Latte am Ende der Kurbel wurde verlängert, um ordentlich Vortrieb zu schaffen; auch entfernte man die Seilhaken, damit sie schneller fliegen konnten. Die gesamten Bau- und Montagearbeiten waren ausgeschmückt mit Vorstellungen, welche Abenteuer man in dem begrenzten Luftraum zwischen Berg und Wald erleben wollte.

Allein der Gedanke an die Gefühle beim Losfliegen kitzelte die Kinder in den Bäuchen. Das müsste mindestens so kribbeln, wie wenn ein Traktor schnell durch eine Kuhle rumpelt, darüber waren sie sich einig. Aber das große Hoftor mussten sie schaffen. Konnten sie von der Scheune bis dorthin genug Höhe erreichen, war es nicht mehr schwer. Dann hielt sie nichts mehr auf. Probeweise wagten sie einige Umdrehungen der Handkurbel, waren aber vorsichtig, damit die Flugmaschine nicht frühzeitig losging. Die Kirchturmspitze war der höchste Punkt, den sie sich vorstellen konnten. So hoch wollten sie aufsteigen, wenn erst einmal das Hoftor überwunden war. Das schien allerhand, beinahe schon angsteinflößend. Von dort oben konnte man alles im Dorf sehen – vielleicht auch die Geheimnisse der Erwachsenen erfahren. Alle, die sie in ihrem Flugzeug sähen, wären verwundert oder gar erschrocken; mit offenen Mündern würden die Großen zu ihnen emporschauen und sich blöd am Kopf kratzen, wie es der eine bei *Dick und Doof* immer machte. Das wollten sie fühlen: Als Kind oben in der Luft sein und auf Erwachsene hinabsehen.

Distanzen, auf Kinderbeinen sonst ewig weit, könnten sie schnell wie der Wind durchmessen. Zu den Rändern der gewohnten Welt fliegen. Sie wollten sogar in die Stadt fliegen und endlich einmal die Schaufenster und Auslagen der Spielwarengeschäfte betrachten, von oben herab, nicht durch die Beine von Erwachsenen hindurch. Das stellten sie sich toll vor. Auch wollten sie Leute auf den Feldern sehen und überraschen, indem sie ihnen Brotzeit brachten, kleine Streiche spielten oder ganz niedrig über ihre Köpfe hinwegflogen. Aufpassen wollten sie, dass alles seine Richtigkeit hatte im Dorf. Räuber wollten sie aufspüren und vertreiben, wie bei Pippi Langstrumpf.

Schließlich wurde diese Vorstellung schal und sie begannen, ernsthafte Probleme ins Auge zu fassen. Was sollten sie anziehen, wenn es in der Luft wirklich kalt würde? War es wichtig, etwas zu essen mitzunehmen? Sie einigten sich auf Zipfelmützen und einen Apfel. War der letzte Nagel eingeschlagen, wollten sie sofort starten. Ein kleiner Streit entbrannte darüber, wer den Jungfernflug durchführen durfte. Einer hatte die Maschine zuerst entdeckt und die Idee, der andere die Arbeiten ausgeführt und das Werkzeug dazu. So sollte der Leichteste zuerst starten. Beide mogelten bei der Gewichtsangabe. Der beste Schwindler durfte zuerst die Kurbel drehen. Als nichts geschah, außer dass sich die Kinderwagenachse arg durchbog, beschloss man es den Stärkeren versuchen zu lassen. Der sollte schneller drehen und somit abheben. Doch geschah auch bei diesem nichts, außer dass die Achse nun gänzlich nachgab und die Räder abwarf.

In kurzen Hosen und Zipfelmützen beschimpften sich die beiden nun gegenseitig, elend schlecht gekurbelt zu haben. Auch hatte je der andere schuld, dass die Kinderwagenachse jetzt unbrauchbar war. Sie kündigten einander die Freundschaft auf und sagten sich Schimpfworte, bis die gelbe, runzelige Oma von ihrer Bank im Hof aufstand und die beiden Burschen durch ihre dicken Brillengläser zornig anglotzte und ermahnte, artig zu bleiben. So gingen die beiden Flugpioniere für diesen Tag auseinander. Aber nicht mit zerstörten Träumen. Sie wussten beide: Sie wären geflogen, wenn nur der andere besser gekurbelt hätte.

Piratenpicknick

Das ganze Jahr hatte sie sich schon darauf gefreut. Genaugenommen seit dem Tag, als sich nach dem Duschen ihre Urlaubsbräune in kleine dunkle Würmchen verwandelte. Egal, wie vorsichtig sie auch mit dem flauschigen Handtuch über ihre Haut strich, die kleinen Biester wanden sich eklig in dem Frotteestoff oder hingen an ihrem Körper. Sie war beinahe wieder blass. Ihre weißen Sachen standen ihr überhaupt nicht mehr so gut, befand sie, vor dem Spiegel stehend. Und von Tag zu Tag wurde es schlimmer. Da half auch Solarium nicht. Diese Bräune sah billig aus und war ungesund.

Zum Glück arbeitete eine Freundin im Reisebüro und zeigte ihr regelmäßig die besten Angebote für erholsame Urlaube am Meer, mit Sonnengarantie. Nach jedem dieser Besuche war sie ganz kribbelig vor Vorfreude – wie toll es würde, wenn sie endlich ihrem Alltag mit der Arbeit im Büro, dem Einkaufen und den lästigen Pflichten in der Wohnung entfliehen konnte. Sie fuhr immer im Sommer, denn da hatte niemand aus der Familie Geburtstag und sie musste keine Feier verpassen. Besonders gespannt war sie, wie toll es ihr neuer Freund finden würde, einmal aus seiner stinkenden Werkstatt herauszukommen. Seit sie zusammenwohnten, hatten sie noch nie gemeinsam Urlaub gemacht. Ihre Freundinnen bemerkten schon mitfühlend, dass sie immer alleine wegflog. Aber im Sommer bekam er nicht frei und Geld hatte er ohnehin keines.

Im Winter hockte er dafür oft daheim rum und langweilte sich. Aber da mochte sie nicht wegfahren, weil sie es gemütlich fand, abends mit ihren Freundinnen über die Adventsmärkte zu bummeln oder entspannt unter einer flauschigen Decke zu sitzen und traurige Filme zu schauen. Im Winter war er wie ein Kater, fand sie. Ständig strich er zwischen Tür und Fenster hin und her, spähte hinaus und schien es kaum glauben zu können, dass er nicht mit seinem Motorrad draußen herumfahren konnte. Wenn er dann zu ihr aufs Sofa und unter die Decke kam, war er wirklich schmusig und einfallsreich. Das war eine seiner bemerkenswerten Qualitäten. Wenn er sie liebte, tat er das gewissenhaft und ausdauernd. Wie schön könnten sie es erst im Urlaub haben, wenn es warm war und das Leben leicht. „Ich will im Sommer auf diese wunderbare Insel im Mittelmeer. Angelika hat mir da prima Angebote gemacht." Sie hielt ihm einen bunten Katalog vor das Gesicht.

„Die dicke Angelika?"

„Genau die. Und außerdem ist sie nicht dick."

„Na gut. Und mit der willst du da auf so eine Insel?"

„Stell dich bitte nicht dümmer als du bist. Angelika arbeitet im Reisebüro und ich will mit dir dorthin."

„Mit mir? Das kostet wieder allerhand. Außerdem kann ich im Sommer unmöglich frei machen. Gerade da geht bei uns das meiste Geschäft."

„Ich glaube, du willst überhaupt nicht mit mir weg."

„Nee, so ist das nicht. Wir sind doch schon oft zusammen weggefahren."

„Ja, ganz toll. Auf die Loreley zu deinen Punk-Konzerten oder auf die blöden Flugplatz-Rennen."

„Du hast gesagt, dass dir das auch gefällt."

„Ach komm. Das ist doch kein Urlaub. Urlaub ist wegfliegen. Ohne deine komischen Kumpels."

„Außerdem kann ich überhaupt nicht fliegen."

„Sei nicht so albern! Also, wenn du mich echt liebst, dann machst du frei und fliegst mit mir auf diese wunderbare Insel."

„Du weißt genau, dass ich dich echt mag, aber das ist Erpressung."

„Alle fahren mit ihren Freunden in Urlaub."

„Die sind auch keine Motorradmechaniker."

„Aber die lieben ihre Freundinnen anscheinend."

„Das hat damit überhaupt nichts zu tun."

„Überleg es dir. Nächste Woche muss ich buchen."

In Urlaub wollte sie. Urlaub war für ihn ein Schrecken: wegfahren ohne Grund. Wegfahren, um nichts zu tun. Wegfahren ohne seine Maschine. Mitten im Sommer, wo es doch gerade so gut lief. Weit und breit gab es keine Baustellen und die Straßen waren sauber. Er hatte eben erst die Auspüffe machen lassen und neue Luftfilter montiert. Damit war er bei den letzten Feierabendrunden einer der Schnellsten gewesen. Am Marktplatz hatten die Kumpels seine Maschine begutachtet und gelobt. Er war wieder vorn dabei, wenn es darum ging, über die Landstraßen zu räubern.

Alle ihre Freundinnen fuhren mit ihren Freunden und Männern in Urlaub. Und alle erzählten sie, wie schön das immer war. Das wollte sie auch: erzählen, wie schön sie es mit ihm im Urlaub gehabt hätte, und natürlich Photos zeigen. Sie wollte zeigen, dass er ein lieber Kerl war. Genau wie die Freunde ihrer Freundinnen. Einer, der sich um sie kümmerte, und der sich freute, wenn sie zufrieden war.

Scheiße, dachte er. Im Normalfall wäre er abgehauen. Aber jetzt wohnten sie zusammen und er konnte sich nicht so einfach aus dem Staub machen. Außerdem schuldete er ihr schon seit dem ersten Tag seinen Anteil an der Miete. Das wurde immer erwähnt, wenn seine Meinung zu sehr von der ihrigen abwich. Meist kam das kurz nach dem Argument mit der Liebe. Natürlich war es nicht nur schlecht mit ihr. Eigentlich machte es sogar richtig Spaß, wenn sie zusammen im Bett waren. Aber das ging halt auch nicht immer. Besonders weil man ja mal aufstehen musste. Da versuchte sie beständig, an ihm herumzuerziehen. Saubere Hemden anziehen, sonntags zu ihrer Familie und um den Kaffeetisch hocken oder abends dicke Freundinnen besuchen. Sie schien nicht zu merken, wie ihn das nervte.

Und jetzt Urlaub auf einer verdammten sandigen Insel mitten im Meer. Nix zu tun unter glühend heißer Sonne. Keine kühle Werkstatt, keine Drehbank und kein Schweißgerät. Um dem zu entgehen, hätte er im Geschäft wochenlang Fahrradklingeln geölt. Mit dem Leben hatte er für diese zwei Wochen abgeschlossen. Die Kumpels verabschiedeten ihn am Tag zuvor. Erteilten ihm aber den guten Ratschlag, ihr bloß kein Kind zu machen, auch wenn es noch so langweilig im Urlaub sein würde. Vielleicht gäbe es einen Rollerverleih oder wenigstens Fernsehen mit Eurosport, trösteten sie ihn. Der Harry ließ noch einmal das Hinterrad seiner Suzuki durchdrehen, bevor er abfuhr, dann war er allein. Mit ihr. Jetzt sollte er selbst einmal sehen, wie angenehm das Leben sein kann, wenn man es sich richtig gutgehen lässt. Urlaub. Das ist die Zeit, in der sie nur macht, was schön ist. Das geht schon beim Hotel los: Man muss sich um nichts kümmern, nicht kochen, nicht putzen, nicht mal aufräumen. Immer ist der Tisch geschmackvoll gedeckt und man braucht sich nur zu überlegen, wonach einem der Sinn steht. Im Urlaub beginnt das Leben, wie sie es sich vorstellt.

Natürlich hat sie gemerkt, dass er nicht so begeistert war, mit ihr auf diese malerische Insel zu fliegen. Das lag aber einfach daran, dass er noch nie in seinem Leben Urlaub gemacht hatte. In seiner Familie konnte man sich das nicht leisten, das wusste sie. Deshalb nahm sie sich vor, besonders nett zu ihm zu sein, ihn für das ruhige und sorgenfreie Leben zu begeistern. Sie wies ihm beim Frühstück die unzähligen Kostbarkeiten des Buffets. Zeigte, wie viele Leckereien auf einen Teller passten, und achtete darauf, dass er genug zu sich nahm, denn billig war das Hotel schließlich nicht. Anschließend galt es keine Zeit zu verlieren, denn es ging nun darum, einen guten Platz am Strand zu ergattern. Hatte sie erst einmal einen schönen Liegestuhl für sich mit Blick aufs Meer und ausreichend Sonne gefunden, konnte der wichtige Teil des Tages beginnen. Einfach liegen und ausruhen. Nichts tun und wissen, dass ihr die Sonne mit jeder Stunde mehr Farbe schenkte. Damit er auch auf seine Kosten kam, durfte er sie mit Sonnenmilch einreiben. Es war ihr nicht unrecht, wenn er dabei ihren Busen streifte. Schließlich sollte er es ja schön haben. Manchmal aber machte er den Eindruck, als ob er sich nicht auf dieses entspannte Leben einlassen wollte. Deshalb nahm sie ihn nach der Siesta, oder wie das hier hieß, mit in die romantische Altstadt, zu den engen Gassen und den kleinen Geschäften. Dort führte sie ihm vor, wie toll die bunten und luftigen Sommerkleider zu ihrer frischen Bräune passten. Damit er ahnen konnte, was nach dem Abendessen auf ihn wartete, rief sie ihn in die Umkleide und bat ihn, ihr bei den Reißverschlüssen behilflich zu sein. Aber vorher konnte er sich mit ihr auf das Fünf-Gänge-Menü freuen.

Zusammen am Strand. Rumliegen, in der Sonne rösten, fühlen, wie er ausdörrte. Irgendwie drängte sich ihm das Bild vom „Wienerwald" in den Kopf, nur befand er sich darin auf der falschen Seite der Scheibe. Gemästet war er bereits. Dabei sollte er nett sein und nix tun außer ihren Rücken eincremen und Getränke besorgen. Sie loben, wie toll ihr die Bräune stand. Vor Langeweile baute er Sandburgen und begann Frauenromane zu lesen. Das Meer dümpelte träge herum und Touristen planschten wie Kinder in der schlappen Brandung. Das Leben schien ihm still zu stehen. Sah er sich zu intensiv am Strand um, wurde sie unleidig und fragte dummes Zeug. Ob sie ihm nicht gefalle oder weshalb er ständig den dürren Weibern hinterherstarre. Antwort bekam sie darauf keine. Er schwieg, damit er nicht über sein Unbehagen reden musste. Was sollte er ihr auch erklären? „Hey, ich sterbe vor Langeweile, weil es hier für einen Mann nichts zu tun gibt."

Wenn sie zusammen durch die Straßen liefen und er ihr etwas zu den Mopeds erklären wollte, die herumknatterten, holte sie ihr Handy heraus und gab vor, wichtige Nachrichten empfangen zu haben. Das mit dem Motorradfahren war eine seiner Unarten. Aber die konnte sie den Männern abgewöhnen. Bisher hatte sie es bei allen Freunden geschafft, sie nach ihren Vorstellungen zu formen. Nur eine Frage der Zeit, bis er das auch begriff. Außerdem hatte sie im letzten Winter erlebt, wie lieb er sein konnte, wenn er mal nicht mit diesen Krach-Kisten spielte. In dem stinkenden Kaff hatte er zwischen den Krambuden tatsächlich einen Mopedverleih gefunden, aber da gab es nur Roller mit drei PS und eine verbogene Gelände-Yamaha aus dem letzten Jahrhundert. Nie würde er sich auf so einen Schrotthaufen setzen: Kann mir auch gleich den Fuß abhacken, wenn ich mir wehtun will, entschied er für sich. Zu allem Übel hatte die internationale Motorrad-Renn-Szene Sommerpause und es gab nur Synchronschwimmen und Tennis auf Eurosport. Aber zum Fernsehen kam er ohnehin nicht häufig, weil er mit ihr in der Sonne sitzen musste. Einmal versuchte er sogar, ins Wasser flüchten. Aber da stach ihn gleich eine fiese Feuerqualle.

„Jetzt hat mich so eine Scheißqualle gebissen!"

„Heul´ hier bitte nicht rum. Das kann überhaupt nicht so schlimm sein."

„Lass du dich doch mal beißen!"

„Na gut. Wenn du versprichst, jetzt nicht mehr zu weinen, gehen wir dann ins Zimmer und ich gebe dir ein Küsschen drauf, ok."

„Scheißinsel!"

Langsam wurde er unausstehlich. Sprach noch weniger und starrte vor sich hin. Selbst abends wollte er nicht lieb zu ihr sein und versuchte sich hinter der Behauptung zu verstecken, dass er zuviel gegessen hätte. Sie konnte es nicht fassen, wie er gerade im Urlaub so schlechte Laune haben konnte.

Als er sich nicht besserte, erwähnte sie gelegentlich, dass er noch viele Mieten im Rückstand sei. Das ließ ihn noch stiller werden. Er begann zu überlegen, wie viel er sparen könnte, wenn er wieder bei seiner Mutter wohnen würde, so wie die meisten seiner Kumpels. Zwischendurch cremte er brav ihren Rücken ein, besorgte gekühlte Getränke, vertrieb regelmäßig die Fliegenden Händler und beobachtete Touristen, ob die auch mal von den Quallen gebissen würden. Dann gab es die

Überraschung: eine Schifffahrt um die Insel! Wrack besichtigen inklusive. Piratenpicknick als krönender Abschluss. Es musste genau das Schiffswrack aus dem Reiseprospekt sein. Wenn sie Photos zeigen konnte, dass sie dort war, hätte sie bei ihren Freundinnen wirklich etwas zu erzählen. Für sie schien das ein wunderbares Erlebnis zu werden. Dabei könnte sie auch gleich den ungebrauchten Teil ihrer Reisegarderobe auftragen und den neuen Sonnenhut. Vielleicht wäre es auf dem Meer ja kühl oder windig. Gespannt war sie natürlich auch auf das Piratenpicknick. Was es wohl bei den Seeräubern Leckeres zu essen gibt? Schifffahrt mit Inselbesichtigung. Das klang ihm reichlich angestrengt. Was sollte denn vom Wasser her besser aussehen? Verdammter Flecken Erde. Blöde Touristen. Auf'm Boot, wo man nicht abhauen konnte. Am Vorabend war sie besonders nett zu ihm, aber das viele Essen machte ihn nicht wirklich zum besseren Liebhaber.

Ok, morgens Abfahrt. Alter Kutter. Rost zentimeterdick mit Farbe überpinselt. Der Motor dünstet Diesel in die Luft und spritzt armdick öliges Kühlwasser ins Meer. Wo er hinlatscht, hocken oder stehen aufgeregte Touristen. Halten Handys, kleine Hunde und Tablets hoch, fotografieren sich selbst oder die schönsten Inselmotive. Ja, so ein Haufen Sand und Fels im Wasser ist schon spannend und sehenswert. Er hockt sich unter ein Sonnensegel. Rücken zum Land – Touristen beobachten. Sie kommt:

„Was treibst du denn da?"

„Touristen beobachten."

„Drüben kann man prima die Insel sehen", lockt sie.

„Hab ich schon ausgiebig getan. ´Ne Woche lang."

„Du tust ja gerade, als ob dir das zuwider wäre."

„Glaubst du etwa, ich setze mich zwei Wochen in die glühende Sonne, weil mir das gefällt?"

„Wenn dir das nicht gefällt, hättest du es ja vorher sagen können."

„Hab ich das nicht?"

„Ach, du bist bloß wieder bockig, weil es nicht nach deinem Kopf geht."

„Gar nicht. Außerdem geht es immer nach deinem Kopf, falls dir das noch nicht aufgefallen ist."

„Jetzt reiß dich bitte einmal zusammen, wenn Leuten dabei sind!", faucht sie.

„Klar, weil du so schön fragst."

Die altersschwache Dieselmaschine bringt den Kahn nicht richtig vorwärts und qualmt alles voll, wenn sie hohe Umdrehungen geht. So lässt sich der Zeitplan unmöglich einhalten und es gibt bereits auf der windberuhigten Seite der Insel das Piratenpicknick. Im Kreis angeregter Inselbetrachter hat sie Platz genommen. Die Organisatoren schenken harzigen weißen Wein sparsam in kleinen Bechern aus. Verteilen dazu Fladenbrot, harten Käse und gebratene Hühnerbeine in Alufolie. Wein und Brot schmecken. Der Käse krümelt. Gelangweilt wickelt er die Folie vom Hühnerbein ab. Fleisch muss nicht sein, nicht nach einer Woche Halbpension. Er sucht den Knochen, um das Ding festzuhalten, ohne sich übermäßig mit Fett zu beschmieren. Also Folie runter. Aufgefasert das Ding, denkt er. He, die Fasern bewegen sich. Tatsächlich: Viele kleine Würmchen leben da in diesem Hühnerbein. Besser nicht essen. Bei der Hitze nix Ungewöhnliches. War wohl mal ´ne Fliege dran, so ´ne dicke Blaue. Das ist halt der Job dieser Kreaturen. Kein Grund zur Aufregung. Mit seinem Hühnerbein geht er zu den Organisatoren. Spricht ruhig zu ihnen. Zeigt das bleiche Gewimmel. Sie entschuldigen sich sogleich, wollen Aufsehen und Hysterie vermeiden. Das kostet sie einige große Becher Weißwein und etwas mehr vom guten Brot.

Leicht angetrunken setzt er sich wieder unter das Sonnensegel und beobachtet zufrieden Touristen beim Essen. Sagt nichts und wartet ab, ob andere auch aufmerksam sind. Auch ihr sagt er nichts. Kuss kriegt sie heute aber keinen.

Bankrott im Busch

Mir geht das Geld aus. Das ist keine Tatsache, die mich unerwartet trifft; jeden Tag sehe ich, wie die Dollars unter der australischen Sonne dahinschmelzen. Ich müsste arbeiten, fühle mich seelisch und moralisch allerdings noch nicht bereit dazu. Ein Dilemma.

Um Zeit zu gewinnen, beschließe ich, die Sparbremse zu treten. Statt Känguruhsteak und Filet vom Weißen Hai gibt es Dreißig-Cent-Nudeln. Jeden Tag statte ich dem Freefoodfach des Hostels einen Besuch ab. Was andere Leute zurücklassen, ist mir höchst willkommen. Beim kostenlosen Hostelfrühstück stopfe ich mich bis zum Anschlag voll und schmiere mir argwöhnisch beobachtet extra Brote, um damit das Mittagessen zu überbrücken. Wo immer es eine kostenlose Mahlzeit gibt, fresse ich auf Reserve, man weiß nie, wann es das nächste Mal etwas gibt. Die Maßnahmen greifen, abwenden können sie die Pleite nicht. Der Gedanke an Arbeit wird wieder konkret, allzu lange kann ich mich nicht mehr darum drücken, sonst sitze ich auf der Straße. Geld für die Übernachtung im Hostel ist jetzt ohnehin kaum mehr da. Ich schaue mich vorsichtig um, aber außer schlecht bezahlten Jobs in miesen Käffern kann mir South Australia nichts bieten. Wohin gingen die Menschen schon immer auf der Suche nach neuer Hoffnung? In den Westen! Über meinen Aussie-Kilometer-Pass, ein Busticket mit einem Guthaben von 20000 Kilometern, buche ich die Überfahrt mit dem Indian Pacific, einem der legendären Züge Australiens. Mein Ziel: Kalgoorlie.

»Kal ist immer noch Wilder Westen: eine Grenzstadt, in der die Minenarbeiter noch im Overall in die Kneipe kommen, um ihren Lohn zu vertrinken. Das Bier serviert die Bedienung hier in Unterwäsche. Tattoos, Glücksspiel und Bordelle – hier ist alles beisammen«, so lautet die Beschreibung der Stadt in meinem Reiseführer. Das darf man sich doch nicht entgehen lassen. Ein anderer Grund für meinen Zwischenstopp in Kal: Unter Backpackern gilt es als wahres El Dorado. Willst du in kurzer Zeit viel Geld verdienen? Geh nach Kalgoorlie. Es ist eine Mining Town, und wo es Minen gibt, gibt es gute Dollars zu verdienen. Kalgoorlie enttäuscht nicht. Das Hostel liegt in der Haystreet, genauso wie zwei Bordelle, eine Kneipe und die Polizeistation. Das Hostel selbst versprüht einen, nun ja, männlichen Charme. Grobschlächtige, stark behaarte Männer in Arbeitsklamotten trinken Bier. Es riecht nach abgestandenem Schweiß und Käsefüßen.

Ein El Dorado ist Kalgoorlie zwar nicht, doch Jobs gibt es reichlich. Nach drei Tagen bekomme ich eine Zusage: Morgen kannst du anfangen. Steinekloppen. Ich kehre zurück ins Hostel. Verwesungsgeruch schlägt mir entgegen und die Tür schließt sich hinter mir wie ein Sargdeckel. Nein, ich kann das nicht. Statt zur Arbeit gehe ich an die Straße und trampe in den Südwesten. Keine Arbeit der Welt ist das wert. Doch nun habe ich ein Problem: Kalgoorlie war meine große Hoffnung, nun bin ich tatsächlich pleite und sitze auf der Straße. Tonnenschwere Lkws, die sogenannten Roadtrains, ballern vorbei und füllen meinen Magen mit Staub. Wieder ein Mittagessen gespart. Endlich kommt ein Van, eine sichere Mitfahrgelegenheit. Steve hält und nimmt mich mit zur Küste. Er hat gerade die Schule beendet und keine Lust auf eine Ausbildung oder feste Arbeit. Also packte er seine ganze Habe in seinen Van, um den Wellen zu folgen. Typisch australischer Lifestyle.

In Esperance angekommen erwartet mich eine andere Welt. Zwar gleichen die Seelöwen am Kai den Mitbewohnern in Kalgoorlie, doch machen sie weniger Krach und stinken nicht so sehr. Die erste Nacht schlafe ich am Strand in ihrer Nähe. Am nächsten Morgen beobachte ich mit knurrendem Magen die Delfine beim Springen, während ich mir allerlei Ungeziefer vom Körper kratze. Für die nächsten Nächte brauche ich eine geschütztere Unterkunft. Mein Zelt ist dabei keine große Hilfe. Die Preise an den Campingplätzen schrecken ab. 25 Dollar dafür, dass ich meine kleine Hundehütte auf trockene Erde stelle, bei der es eines Presslufthammers bedarf, um die Heringe hineinzutreiben. Kann ich mir nicht leisten. Demonstrativ stelle ich mein Zelt genau neben den Campingplatz. Versuche es zumindest. Das Gestänge ist vor einiger Zeit gebrochen, ich habe es notdürftig mit einem Gartenschlauch geflickt, ausgerechnet jetzt gerät das Provisorium ins Wanken. Es steht, irgendwie, halb abgewrackt, irgendwo im Nirgendwo. Genau wie ich.

Warten, bis das Kassenhüttchen schließt, dann spaziere ich mit Waschbeutel und Handtuch über der Schulter auf den Campingplatz. Der Waschraum ist mit einem Zahlenschloss gesichert. Ich frage den Nächstbesten nach der Kombination – kann man ja mal vergessen, oder? – und genieße endlich wieder eine Dusche. Die Campingküche besitzt ein Freefoodfach. Danke. So verbringe ich einige Tage neben dem Campingplatz, es scheint niemanden zu stören. Jobs finden sich keine. Es ist kurz vor Weihnachten, die meisten Geschäfte haben geschlossen oder verweisen mich aufs neue Jahr. Ich ziehe weiter. Diesmal bleibt mir das Glück beim Trampen fern. Ich knabbere Kilometer von meinem Pass.

Um diesen Wucher gutzumachen, übernachte ich am Busbahnhof von Albany. Die Halle wird nachts geschlossen, doch die Nacht ist warm, die Parkbank vor dem Bahnhof muss mich erdulden.

Ein Hostel mit offenem Gartenpavillon erweckt meine Aufmerksamkeit. Den großen Rucksack im Gebüsch versteckt, schlendere ich aufs Gelände und vertraue darauf, dass sich das Personal nicht die Gesichter sämtlicher zahlender Gäste merken kann. In meinem kleinen Rucksack trage ich Waschzeug und Kochgeschirr mit. Freefoodfach plündern, Essen machen, danach folgt die Körperhygiene. Gegen Abend leert sich der Pavillon, nur einer bleibt zurück: Ich. Im Pavillon gibt es eine gemütliche Couch, mein Bett für die nächsten zwei Nächte. Länger traue ich mich nicht zu bleiben. Man darf sein Glück nicht überstrapazieren. Eine weitere Nacht schlafe ich im Aufenthaltsraum eines anderen Hostels. Was ich hier machen würde? fragt man. Mein Zimmernachbar schnarcht, deshalb bin ich in den TV-Raum getürmt. Ach so, na dann. Man zeigt Verständnis.

In Albany werden meine Jobanfragen mit der gleichen Antwort bedacht: Im neuen Jahr vielleicht. Mir wird klar: Ich habe zu lange gewartet. Die eiserne Reserve schmilzt zum Notgroschen. Um die Zeit bis ins neue Jahr totzuschlagen, gehe ich wandern, das kostet nichts und lenkt ab. Entlang des Südwestzipfels Australiens verläuft der Cape-to-Cape-Track, also ganz in meiner Nähe. Der Notgroschen geht für Trockenfutter und Tütensuppen drauf. Küstenwandern über die Weihnachtstage, klang vergnüglich, aber der Plan hatte einen Haken. Das Thermometer steigt auf eine Rekordhitze von bis zu 47 Grad im Schatten in einer Region, die keinen Schatten kennt. Das Meer liegt rechter Hand und verspricht Abkühlung. Ein leeres Versprechen, nur selten ist es zugänglich. Von Moskitos geplagt, starte ich noch vor Sonnenaufgang. Mit der Morgendämmerung ist Schichtwechsel. Buschfliegen lösen die Moskitos ab, sie stechen zwar nicht, surren aber zu Tausenden um und auf mir herum; bleibe ich stehen, dauert es nicht lange und ich bin schwarz vor lauter Fliegen. Hartnäckig drängen sie in sämtliche Körperöffnungen: Ohren, Nase, Augen, von der Gier nach einem Tropfen Wasser getrieben. Während der Mittagshitze wickle ich mir ein nasses Handtuch um den Kopf und krieche unter einen Busch; erst in der Abenddämmerung kann ich wieder laufen. Für die Buschfliegen endet die Schicht, die Moskitos kommen zurück. Das ganze Unterfangen ist eine einzige Plackerei. Schon sehne ich mich zurück zu harten Parkbänken und geklauten Nächten im Hostel.

Nach vier Tagen erreiche ich einen Campingplatz, sehnsüchtig schaue ich über den Zaun, erblicke schattige Plätze, einen Waschraum mit kaltem Wasser. Um aus der Sonne zu kommen, betrete ich den angrenzenden Shop. Leisten kann ich mir außer einem Zwanzig-Cent-Wassereis nichts. Immerhin. Ein junger Aussie spricht mich an: Oi Mate, was bist du denn für einer? Ich erkläre es ihm. Er schüttelt den Kopf. Wandern? Bei dem Wetter? Er lädt mich zu sich und seinen Kumpels auf die Campsite ein: Da stehen schon so viele Zelte rum, merkt doch keiner, wenn noch eins dazu kommt. Gerne gebe ich nach. Die Jungs feiern Weihnachten. Steaks und kaltes Bier gibt es im Überfluss, ich darf mich bedienen. Der Weihnachtsmann trägt für mich dieses Jahr Tattoos und Piercings und spricht einen kaum verständlichen 'stralian Slang.

Ich bringe ihnen bei, wie man mit einem Feuerzeug Bierflaschen aufbekommt, sie mir die Grundzüge des Cricketspiels. Hier die Kurzfassung: Einer, der Baller, wirft den Ball, der Batter versucht, mit seinem Cricketschläger das Ding wegzuprügeln, und der Rest steht rum (im Outfield), guckt zu und fängt den Ball, wenn er sich gerade zufällig in seine Richtung verirrt, wenn nicht, hat der Spieler ausreichend Zeit, Bier zu trinken. Kommt der Ball tatsächlich zu einem der Spieler im Außenfeld, ist dieser mit hoher

Wahrscheinlichkeit zu betrunken, um ihn zu fangen, auch wird er den Ball nur unter Schwierigkeiten zurück zum Baller bekommen, was allerdings dem genannten Baller, wie auch dem Batter wieder ausreichend Zeit zum Biertrinken gibt. Ein einfaches, sich wiederholendes Szenario. Soll nochmal wer behaupten, Cricket sei kompliziert.

Nach drei Tagen nehmen mich die Jungs mit nach Perth und zurück in die Sorgen. Geldsparen. Jobsuchen. Ich bin in einem Vorort von Perth gelandet: Fremantle, auch Freo genannt. Im Stadtpark suche ich mir eine flauschige Bank. Schlafen fällt schwer. Bretthart spüre ich jede Latte im Rücken, die Isomatte dämpft nichts. Außerdem fühle ich mich angreifbar. Klar, nachts alleine in einer Stadt auf einer Parkbank, dem Raubtier Mensch ausgeliefert, macht einen schon zum Opfer. Mitten in der Nacht kommt Leben auf im Park. Im Halbschlaf reagiere ich auf jedes Geräusch, allerdings hätte mich die lautstarke Meute Männer um ein Uhr nachts wohl auch aus dem Tiefschlaf gerissen. Es sind Aborigines – oder besser Aboriginal People, dass soll weniger abwertend klingen –, ignoriert aber dennoch die Existenz der vielen verschiedenen Stämme der Ureinwohner. Weiße Australier haben häufig keine gute Meinung von den Abos, wie sie sie nennen. Alkoholiker, Junkies, Verbrecher und vieles mehr werden sie geschimpft, und leider stimmt es häufig. Dass die weißen Einwanderer jedoch die Schuld an diesem Verhalten tragen, verdrängen sie gerne.

Die Gruppe löst sich auf, einer von ihnen läuft in meine Richtung. Als er nahe genug ran ist, erkennt er mich als das, was ich bin: ein Penner auf einer Bank, obdachlos und pleite, das schafft Gemeinschaft. Er grüßt freundlich und setzt sich zu mir. Bruce ist ein älterer Aborigine und sehr umgänglich. Ich entspanne mich zunehmend, merke dabei, dass ich selbst in dem Vorurteil der Weißen gefangen war, und schäme mich dafür. Bruce erzählt mir seine Geschichte; es ist die Geschichte von so vielen, man nennt sie die Stolen Generation: In dem Wahn, der die weiße, westliche Welt von jeher beherrschte, dass nur ihre Lebensweise die einzig richtige sei, nahmen sie den Eingeborenen ihre Kinder weg, steckten sie in weiße Familien oder Heime, erzogen sie in Missionsschulen und erwarteten wohl, aus ihnen gottgefällige Christen zu machen. Bruce war so ein Kind. Seiner weinenden Mutter aus den Armen gerissen, wurde ihm in der Folge alles verboten, was seine kulturelle und soziale Identität ausmachte. Das Leben in den Heimen und bei den Pflegefamilien ist hart: Prügel, Schikanen und sexueller Missbrauch sind an der Tagesordnung. Erwachsen geworden, wird er mit einer Weißen zwangsverheiratet und als Hilfsarbeiter ausgebeutet. Es folgen Alkohol und Drogen, er wird geschieden und, nach einem Raubüberfall, ins Gefängnis gesteckt. Wieder frei, kommt er weg von den Drogen, bleibt aber obdachlos und versucht seitdem, jungen Aborigines auf der Straße zu helfen. Er hat keinen Stamm, zu dem er zurückkönnte, und auch in der Welt der Weißen ist er fehl am Platz. Ungewollt in allen Welten. Sein Schicksal bewegt mich und stimmt mich nachdenklich.

Am nächsten Morgen packt mich die Wut, die Wut auf mich selbst. Ich bin durch eigenes Verschulden in diese Situation geraten, aus Arbeitsunlust und Schlamperei. Da spiele ich ein paar Wochen Obdachloser und sehe es als Abenteuer, fühle mich dadurch verwegen. Hier treffe ich Menschen, die ohne eigenes Verschulden in diese Situation geraten sind, einfach nur weil sie anders sind. Auf einer öffentlichen Toilette mache ich mich schick und ziehe los, rein nach Perth, mir eine Arbeit suchen. In der Stadtbibliothek drucke ich ein paar Lebensläufe aus, marschiere anschließend zum größten Fitnessclub der Stadt, präsentiere mich dort in Shorts und T-Shirt, mit Flip-Flops an den Füßen, unrasiert und mit langen Zottelhaaren. Ich mache meiner zukünftigen Chefin klar, dass der Club gar nicht anders kann als mich einzustellen, alles andere würde einem unternehmerischen Selbstmord gleichkommen. Sie glauben mir. Noch am gleichen Abend habe ich den Job. Ich muss an Bruce denken. Mir gab man den Job, egal wie abgerissen ich aussah – ihn hätten sie wahrscheinlich nicht einmal genommen, wenn er sich makellos in Schlips und Anzug präsentiert hätte. Meine späteren Arbeitskollegen sind Europäer, Chinesen, Malaysier und Inder; australische Ureinwohner fanden sich jedoch nie darunter.

Die Gabe

Finsternis umfängt zwei junge Menschen in einem schmalen Jugendbett. Die Nacht vor dem geschlossenen Fenster hebt sich. Junges Leben pulst in ihren Körpern. Zärtlich und eng liegen sie beieinander. Beinahe wie sie der Schlaf einholte und sie ihrer Zweisamkeit entriss. In den Stunden davor schenkten sie sich, was so verklärt in den verschämten Gesprächen die Runde machte. Sie erlebten Brust an Brust, wie gewaltig und fein und ergreifend sich ihre Liebe zueinander anfühlen konnte.

   Ihr Leib war ihm heilig. Sie ist schön, ihm so schön. Reich an Reizen und Pracht, wie diese barocke Kapelle zwischen den Weinbergen über dem Fluss. Jedes sichtbare Detail erfreut ihn: die Grübchen, wenn sie lächelt, ihre weiche Haut, ihre weiblichen Formen und ihre Stimme, die ihm Gedanken und Gefühle singt. Lange stand er in Anschauung und Ehrfurcht vor ihr, abseits. Irgendwann hat ihn sein Kreuzweg an sie herangeführt. Teils beschwerlich; Kniefälle waren nötig, doch wurde aus diesem Gang Ekstase, die seine Schritte beschleunigte, alles um ihn herum vergessen ließ. Er war verliebt. Sacht umrundete er sie, sang seine Lobpreisungen und wies, was er zu opfern bereit war.

Er wurde erhört und sie ließ ihn zu sich. Nahm ihn in ihre Nähe, zeigte ihm ihr Wesen. Er blickte verborgene Nischen, roch verzückende Düfte und glaubte dem Himmel nahe zu sein. Ihn wenigstens ahnen zu können. Erkannte, was es jenseits seines bisherigen Lebens noch gab. Sie hatte ihn angenommen und sie liebten sich, waren zusammen. Seine Gefühle für sie erschienen ihm beinahe unaussprechlich. Er hätte sie ständig herausschreien müssen, um sich nur halbwegs angemessen ausdrücken zu können. Diese Liebe war eine Macht, eine Gewalt, eine Energie. Sie brachte etwas in ihm zum Schwingen. Aber nicht so dünn und lausig wie eine Instrumentensaite. Eher wie eine unwuchtige Kurbelwelle bei neuneinhalbtausend Umdrehungen kurz vor dem Hubzapfenabriss.

All sein Sehnen nach Zuneigung schien in dieser jungen Frau Erfüllung gefunden zu haben. Sie konnten stundenlang beisammen sein und sich an ihrer Nähe berauschen. In dieser Nacht aber fanden ihre Leiber zueinander. Sie hatten in ihrer Lust gebadet, ihre körperliche Liebe bis zur Neige, zur Erschöpfung ausgekostet. So hatte sie das Bewusstsein verlassen. Erwachen. Zurück in der Welt. Milchige Schlieren verklären den Blick. In roten Leuchtziffern steht die Uhrzeit neben seinem Kopf als einzige Orientierung im Raum. Die Finsternis des Zimmers passt nicht zu dieser Zahlenreihe, nicht zur angezeigten Zeit. Draußen pfeifen irgendwelche Vögel wie verrückt rum. Was wollen die Biester so früh schon? Die Erkenntnis springt ihn an: es muss Morgen sein, und die elenden Jalousien sind geschlossen. Schreck und Unglaube ob der Uhrzeit. Digitaluhren gehen nicht vor. Blut pulst heiß im Gesicht. Alarmgedanken, Realität: verschlafen, zu spät zur Arbeit. Ein absolutes Vergehen als Lehrling. Jetzt ist es das erste Mal geschehen. Angst vor Sanktionen, zuerst. Was wird der Meister, was die Mutter sagen? Ja was denn? Langsam kehrt seine jugendliche Rebellion in den Kopf zurück. Langsam begreift er, dass er noch in ihren Armen liegt. Bei ihr. Sie, die er so liebt.

Warm ist das Bett. Warm ihr Leib, der nun auch den Schlaf beendet. Er atmet ihren Geruch. Doch muss er fort. Pflicht gewissermaßen. Aufstehen und anziehen, etwas beschleunigt. Aber vorsichtig, behutsam aus dem Haus schleichen und die Hofpforte durchschreiten. Es tagt bereits deutlich. Im fahlen Morgenlicht steht er, von allen Nachbarn gut zu erkennen, so sie nur aus ihren Fenstern und Türen schauen. Da kann er nur den Rücken gerade machen und erhobenen Hauptes losmarschieren. Durch Gassen schleichen ist unmöglich, also Haltung bewahren und verdutzte Dorfleute anständig grüßen.

Daheim steht die Haustür offen, das Auto des Vaters ist weg. Das eigene Moped wartet bereits im Hof. Die Arbeitstasche ist gepackt und hängt am Lenker. Die Mutter ist also wach. Er tritt in den kühlen Hausflur und sie in den Rahmen der Küchentür. Will sie ihn schlagen? Sie besinnt sich und schimpft lieber, jammert dazwischen. Wo er denn jetzt herkomme. Wichtiger: ob er denn wisse, was sie sich für Sorgen gemacht hätte; welche Ängste sie in den letzten zweieinhalb Stunden durchlebt hätte. Was sie sich vorgestellt hätte, wo er denn sein könne und was ihm alles hätte widerfahren können in ihren Angstphantasien. Der Vater hätte sie in ihren Sorgen wieder nicht ernst genommen und schlichtweg behauptet, der Junge hätte einfach verschlafen, bei einem Weibsbild halt. *Als sie Luft holt, zwängt er sich an ihr vorbei in die Küche.*

Der Meister hätte bereits angerufen und sie, die eigene Mutter, hätte nicht gewusst, wo er sei. Sie wollte in den Feldern nach ihm suchen, oder im Wald. Hätte sich aber im Dämmerlicht da draußen gefürchtet. Was er sich denn gedacht habe, sie so zu ängstigen. Schweigend hört er der Mutter zu. Sieht sie an. In Frotteenachthemd und Morgenmantel. Er kann ihren Schweiß riechen. Ihre absurden Ängste langweilen ihn. Passen nicht zu seinen Gefühlen, zu seiner Liebe, die so lebendig, gewaltig und tief in seiner Brust wummert. Er verlässt den Raum in Gedanken, sitzt aber auf dem Stuhl, der Mutter gegenüber, und lächelt sacht. Wenn er den Rücken an die Stuhllehne drückt, fühlt er die Schmisse, die sie ihm in der vergangenen Nacht schlug. Ihr Zeichen. Ein Andenken für ihn. Vergissmeinnicht. Konzentriert er sich, graben sich diese roten Linien durch die Muskeln in die unbekannten Regionen seines Inneren. Berühren Stellen, die er für den Sitz seines Herzens ansieht.

So sitzt er mit beiden Frauen in der Küche. Im Kopf drehen sich die Gefühle, die sie hervorrufen, wie gegenläufige Stirnräder auf einer Welle. Sie ist die Mutter, seine Mutter. Seine Gedanken bleiben bei ihm, nahe bei ihm. Wird die Geliebte, seine Geliebte, auch dereinst eine Mutter sein, eine solche? Zukunft blitzt in kleinen Funken. Dimensionen, zu groß für diesen Morgen. Er reißt sich zusammen, zwingt Gegenwart herbei.

„Was hat der Meister gesagt?"
Sie scheint zu sich zu kommen: „Was?"
„Was hat der Meister gesagt? Soll ich noch kommen?"

Allmählich erreichen auch die Gedanken der Mutter wieder die Realität, kehren in die Küche zurück:

„Öh, sollst halt kommen, wenn du aufgewacht bist."

Beinahe wie ein Mann, vielleicht wie der Vater, sitzt er am Tisch, am schmalen Ende. Jetzt nimmt er den Rücken von der Stuhllehne, sitzt gerade und ignoriert seine Zeichnung. *Macht sich frei.* Eine Aufgabe liegt vor ihm: dem Meister erklären, warum er zu spät kommt. Konsequent sein. Dann arbeiten. Bewusst wird ihm, dass er arbeiten gehen wird, weil er nachdenken kann, weil er wach ist. Dann zwingt er die Mutter endgültig in die Wirklichkeit.

„Hast noch einen Kaffee?" Eindringlich schmeckt er das bittere Aroma der schwarzen Flüssigkeit. Warum er es immer und immer in sich hineingießt, verwundert ihn. Beinahe beängstigend beschleichen ihn Erkenntnis und resultierende Fragen. Ist das so, wenn man erwachsen wird, oder liegt es einfach daran, dass er wach ist? Nicht im Halbschlaf sein Leben abspult? Im frühen Sonnenlicht braucht er weder warme Handschuhe noch Halstuch. Fast augenblicklich springt die Kreidler an und zieht sauber durch die vier Kurven aus dem Dorf. Eine Freude in jeder einzelnen von ihnen, wenn er sich gegen die Fliehkraft lehnt. Diesmal besonders intensiv, da er nicht mechanisch handelt, sondern seine Bewegungen willentlich ausführt. Warm geht ihm der Fahrtwind ins Gesicht.

In der dritten Kurve blickt er kurz auf die Hofpforte, aus der er vor wenigen Minuten getreten ist. Seine Gedanken eilen wieder zu ihr: suchen den Weg, den er am vorherigen Abend nahm. Durch die Pforte, dann leise, vorsichtig und aufmerksam im Schleichmodus die angelehnte Haustüre passiert und überaus behutsam die Stiege empor in ihr Jugendzimmer. Grobe Ausrüstung sogleich im Kleiderschrank stauen. Platz lassen, dass er selbst noch reingeht, bei Bedarf. Die Gedanken überspringen das Versteckspiel mit den Eltern, währenddessen er im Schrank kauert und sie, schon bühnenreif, die brave und müde Tochter für die Mutter gibt, die zur Nacht in die Stube sieht. Die Gedanken sind nun bei ihr, nahe, sehr nahe. Sie erinnern ihn an diese Gefühle, seine Gefühle, die er so machtvoll und gewaltig und rauschhaft in sich hat. Erwacht, treibt er auf dem Moped zur Arbeit. Zu spät ist er eh. Finger erledigen dieselben Handgriffe wie jeden Morgen, nur nimmt er sie diesmal wahr.

Hat er in seinen jungen Jahren je einen Morgen so intensiv erlebt? So offenen Auges? So offen in seiner Seele.

Licht: Bäume treten erkennbar in sein Blickfeld, das diesmal nicht am Straßenrand außerhalb des Scheinwerferkegels zuende ist. Sie stehen einzeln, einsam in den buckeligen Feldern, rotten sich zu Baumreihen oder Hainen zusammen.

Haben unterschiedliche Formen, sind unterschiedlich. Sind nicht nur Baum, sind Birne, Apfel, Kirsche. Vielleicht Fichte oder Buche. Birken erkennt er. Sie alle interessieren ihn kaum, doch er nimmt sie wahr. Ebenso wie die bunten Felder. Was steht denn im Juni? Getreide, Raps, Mais, aufgeschossener Spargel. Wie nennen die Bauern das Getreide im einzelnen? Nicht dass er es am Halm unterscheiden könnte oder wollte, doch erfasst er, dass es Unterschiede gibt. Mannigfaltig ist die Welt plötzlich.

Sie hat ihm das eröffnet, den Schleier der unreflektierten Kindheit von ihm gehoben. Sie hat ihm mehr geschenkt als eine Liebesnacht in Wärme und jugendlicher Lust. Sie gab ihm Bewusstsein und Erkenntnis. Einen Morgen im Licht.

Nacht über Nepal – Flucht vom Dach der Welt

"Nur wer die Last trägt, weiß, wo sie drückt"

aus Nepal

Nepal trauerte. Der geliebte König war tot. Erschossen! In den Abendstunden des 1. Juni 2001 wurde König Birendra, seine Frau Aishwarya und einige seiner Kinder kaltblütig ermordet. Bei dem Täter handelte es sich offenbar um den zukünftigen Thronfolger Dipendra. Er selbst richtete sich nach seiner Bluttat. Das angebliche Tatmotiv, welches interessanterweise schon wenige Stunden nach dem Massaker über die Fernsehschirme bekanntgegeben wurde, war wohl eine nicht standesgemäße geplante Eheschließung. Traditionell ehelichten die Thronerben aus der Shah-Familie die Töchter aus der Rana-Dynastie. Der junge Thronfolger sah das aber anders und wollte ein bürgerliches Mädchen zur Frau nehmen.

Den Berichten zufolge kam es am Abend zu einem handfesten Streit innerhalb der Familie. Daraufhin drang der stark alkoholisierte Königssohn in Kampfmontur in die königlichen Gemächer ein und liquidierte einen Großteil seiner Familie. Er selbst richtete sich, indem er die Pistole an seinen

Kopf setzte und den Berichten zufolge "dreimal" abdrückte. Schwerstverletzt fiel er ins Koma und starb nur wenige Stunden später. Sein jüngerer Bruder wurde wenig später zum Thronfolger ernannt.

Mir kam das Ganze sonderbar vor. Da marschiert ein Einzelner bis an die Zähne bewaffnet durch die königlichen Hallen und entledigt sich seiner Familie. Wo befand sich die königliche Garde? Wie kann sich jemand dreimal ohne fremde Hilfe in den Kopf schießen? Handelte es sich etwa um einen Staatsstreich? Schlossen deshalb wenige Wochen vorher die Chinesen die Landesgrenzen zu Nepal? Der chinesische Premier war wenige Tage zuvor vom nepalesischen König empfangen worden. Später, im Mai 2008, nach dem Wahlsieg der Maoisten, würde die nepalesische Regierung entscheiden, den Rest der Königsfamilie aus dem Palast zu jagen. Wurde hier der König, dessen Vorgänger 1990 ein Massaker an der eigenen Bevölkerung veranlasste, der zig Millionen Dollar auf ausländischen Konten hortete, durch eine neue "demokratisch-totalitäre" Regierung ersetzt?

Im Jahr 2001 standen diese Fragen jedoch nicht im Mittelpunkt des Interesses. Apathisch saßen die Menschen vor den Fernsehschirmen. Einem Mantra gleich, stereotyp, drang immer wieder die gleiche Botschaft von den Mattscheiben: "Unser geliebter König ist tot". Meine Pilgerfreunde und ich trafen gerade mit der ersten Maschine aus Lhasa in Kathmandu ein. Eine gespenstische Stille lag über der Stadt. Fast alle Geschäfte und Cafés waren geschlossen. Keine Menschenseele war zu sehen. Wie schon zuvor mietete ich mich im sonst eher quirligen Stadtteil Thamel im Hotel Pacifist ein. Am Durbar Square lag eine Stimmung aus Resignation, Trauer und Wut in der Luft. Zum Nachmittag hin waren riesige Menschenmengen auf den Straßen rund um Kathmandu versammelt. Einige junge Nepali rasierten sich bis auf einen kleinen Haarschopf ihre Schädel, um somit ihrer Trauer Ausdruck zu verleihen. Jeder wollte dem König die letzte Ehre erweisen. Der Tradition folgend wurde die Toten der Königsfamilie noch am selben Tag im hinduistischen Haupttempel Pashupathinath den Flammen übergeben.

Jetzt ging es Schlag auf Schlag. Einen Tag später hatten alle Botschaften, bis auf die indische, geschlossen. Aus Gründen, die mir heute nicht mehr nachvollziehbar erscheinen, wollte ich unbedingt mein Indienvisum beantragen. Ab dem 4. Juni verkündeten die Radio und Fernsehstationen den "State of Emergency" - den Ausnahmezustand. Alles aus! Wie komme ich aus diesem Land? Mein nepalesisches Visum war bereits abgelaufen. Einfach zum Flughafen gehen und mit einem Billigflieger Richtung Heimat abhauen? Aber wie? Das sonst touristische und käuflich fröhliche Thamel glich einem Geisterbezirk. Keine Musik war zu hören. Außer dem Kathmandu Guest House hatten fast alle Geschäfte und Restaurants geschlossen. Alle wichtigen Verbindungsstraßen im Land waren durch ein schwer bewaffnetes Militär hermetisch abgeriegelt worden. Das öffentliche Leben war fast völlig zum Erliegen gekommen.

Als ich mein tags zuvor beantragtes Indienvisum mit Umwegen von der Botschaft abholte, kam mir ein schwerbewaffneter Trupp entgegen. Die Männer raunzten mich an: "Was tust du hier? Ab 16 Uhr wird geschossen, verschwinde." Nur gut, dass ich einige Schleichwege kannte. Kurz bevor ich ins dichte Gassengewirr Thamels verschwand, sah ich eine Gruppe junger Demonstranten, die Barrieren errichteten, in Brand setzten, und die zerbrochene Ziegelsteine auf das Militär warfen. Dieses wiederum antwortete mit Tränengas und Gummigeschossen. Das Pacifist Hotel liegt in einem Innenhof zwischen den belebten Straßen verborgen. Keuchend und hustend suchten einige Demonstranten Schutz vor der Miliz im Hotel und rieben sich ihre vom Gas geröteten Augen. Daraufhin verbarrikadierte der Hotelmanager den Hoteleingang mit mehreren Holzbalken. Schwere Panzer und Schützenwagen rollten durch die menschenleeren Straßen. Sah so Nepals Demokratie aus?

In diesen unruhigen Tagen machten einige Touristen, mitunter auch Deutsche, einen jämmerlichen Eindruck. Ohne weitere Versuche, das Geschehen zu verstehen, machten sie das nepalesische Militär für die angespannte Situation verantwortlich. Fast jeder zweite Satz begann mit "Fuck!" Einige ganz Mutige wollten wohl mit ihren Camcordern Kriegsberichterstatter spielen. Andere provozierten das Militär mit dummen Sprüchen und affigem Getue. Mit einem 24- jährigen Offizier unterhielt ich mich über die angespannte Situation. Es falle ihm nicht leicht, eventuell die Waffe gegen seine eigenen Landsleute zu richten, sagte er. Ab dem 5. Juni galt eine ganztägige Ausgangssperre. Ich hielt mich nicht daran, sondern versuchte, etwas zu essen aufzutreiben. Die Tische im Kathmandu Guest House waren reich gedeckt. Vielleicht vermissten einige Gäste ihren 5-Uhr-Tee. Ich hingegen kaute staubtrockene Käse-Croissants und trank desinfiziertes Wasser in einem schwülen Hotelzimmer.

Bei Einbruch der Dunkelheit stahl ich mich aus dem Hotel und schlich durch die dunklen Gassen zu einem kleinen nepalesischen Lokal. Der liebenswürdige Besitzer klagte über dramatische Umsatzeinbußen. Wir verabredeten eine fixe Uhrzeit, zu der ich zum Abendessen erscheinen würde. Die nächsten Abende aß ich bei dämmrigem Kerzenlicht und verriegelter Türe einige köstliche vegetarische Gerichte. Untermalt wurde dies durch tibetische Musik, die melancholisch aus dem Lautsprecher drang. Oh ja... mein geliebtes Tibet! Mir taten die Nepali so leid, die von den täglich sprudelnden Touristeneinnahmen völlig abhängig waren. Nun will ich aber auch kein allzu düsteres Bild ausmalen. Am nächsten Morgen erwachte Thamel wieder zu zaghaftem Leben. Einige Geschäfte hatten geöffnet. Die tägliche Ausgangssperre wurde aufgehoben. Dennoch fuhren keine Busse Richtung indische Grenze.

So schnell wie möglich wollte ich Nepal auf dem Landweg verlassen. Der Hotelmanager meinte, der morgige Tag könnte günstig sein, ich müsste nur früh aufbrechen. Verstohlen schlich ich mich am nächsten Morgen aus dem Hotel und fuhr mit einem Taxi zum Busbahnhof. Es war ein herrlicher Sommermorgen an diesem 7. Juni 2001. Kathmandu döste noch vor sich hin. An den Knotenpunkten war immer noch Miliz präsent, die Soldaten ließen mich jedoch ungehindert passieren. Den Himalaya sollte ich nicht mehr wiedersehen. Der Bus wurde quer durch das Terai, Richtung Süden, zur Grenze nach Sagauli Bazar, geprügelt. Das Terai, ein flaches, fruchtbares Gebiet, verläuft parallel zur indischen Grenze. Weite grüne Felder zogen am Busfenster vorbei. Die Luft roch nach tropischem Monsun. Wie sollte ich mich an der Grenze verhalten? Mein Nepalvisum war bereits abgelaufen.

Verlockend nahe zeigte sich die indische Grenze. An sich müsste ich nur 100 Meter an den nepalesischen Sicherheitskräften vorbeimarschieren. Es kam jedoch anders. Ich passierte ein Grenzhäuschen, in dem drei Beamte in Zivil saßen. Zivil ist übertrieben. Die drei waren nur mit einem verschwitzten Unterhemd bekleidet und lümmelten teilnahmslos in ihren Stühlen herum. Nun forderten sie von mir, ein Strafvisum zu bezahlen. Das hieße, ich müsste ein komplett neues Visum für 50 US-Dollar beantragen. Ich verwies darauf, dass ich wegen der politischen Umstände das Land gar nicht verlassen konnte. Würden die Beamten meine Tage zuvor gekaufte Busfahrkarte als Beweis akzeptieren und mich weiter ziehen lassen? Lapidar sagten mir die schwitzenden Beamten, sie hätten keine Lust, mit mir zu diskutieren. Ich solle mein Strafvisum bezahlen. Als ich sie mir so ansah, in ihren verschwitzten Unterhemden, apathisch und um ihren König trauernd, sah ich die berühmten drei Affen vor mir sitzen: Nichts sehen, nichts hören, nichts sprechen. Wutentbrannt zahlte ich mein Visum. Betteln, oder sie bestechen, das wollte ich nicht.

Die Weiterfahrt ins indische Gorakhpur verlief prima. Dort, beim Kauf einer Fahrkarte für den Zug nach Amritsar, bat ich um eine Sitzplatzreservierung. Milde lächelte der Verkäufer über meinen Wunsch und entgegnete: "Nicht für diesen Zug, Sir." Ich ahnte, was auf mich zukam. Obwohl ich nun sieben Monate unterwegs war, übertraf dieser Zug alles, was ich bis dahin in Indien gesehen hatte. Von weitem gesehen hatten die Waggondächer kleine, runde Kuppen. Als der Zug jedoch näher heranrollte, erkannte ich mit Entsetzen, dass es sich bei den Kuppen um Köpfe handelte. Wie Reben an einem Weinstock, so hingen die Menschen an diesem Zug. Zudem verfügte der Zug "nur" über Abteile der dritten Klasse. Das Innere der Waggons glich in der Tat einem Viehtransport. Die Menschen lagen über- und untereinander auf Plastikbänken, Gepäckablagen und dem Fußboden. Die hygienischen Verhältnisse glichen denen eines Viehstalls. Heißer Dampf, der aus dem Zuginneren strömte, vermischte sich mit Schweiß und billigem Deo.

Ein Tag in so einem Abteil? Niemals! Also nach Lösungen suchen, wollte ich den Zug nicht verpassen. Am Zugende befand sich ein Militärwagon. Die freundlichen Soldaten boten mir wie selbstverständlich einen Platz an. Während ich zurück zum Bahnsteig blickte, bekam ich es mit der Angst zu tun. Die wartenden Passagiere sahen, wie der weiße Sir einen Platz ergatterte, und machten sich daran, das Militärabteil zu stürmen. Eiligst wurde ich in das Wageninnere gezogen und die Türe verbarrikadiert. Unter lautem Hämmern und Rufen der Zurückgebliebenen setzte sich der Zug Richtung Amritsar schnaufend in Bewegung.

Während Gorakhpur allmählich hinter mir zurückblieb, genoss ich den Blick aus dem Fenster. Das übliche indische Bild begleitete mich. Schwer schuftende Bauern bestellten ihre Felder mit Ochsengespann und Spitzhacke. Arbeiter brannten Ziegel in den zahlreichen Ziegeleien, dazwischen lachende und winkende Kinder. An der Abendstimmung konnte ich mich in Indien einfach nicht sattsehen. Die untergehende Sonne tauchte die Landschaft in ihr honiggelbes Licht. Dazwischen stiegen, filigranen Spinnweben gleich, feine Rauchschwaden der angrenzenden Höfe über die Felder.

An das gleichmäßige Schaukeln des Zuges gewöhnt, konnte ich sogar auf einer der Holzpritschen schlafen. Am folgenden Morgen blickte ich verschlafen aus dem Zugfenster und konnte mir ein Lachen nicht verkneifen. Vor mir an einem Rinnstein saßen Dutzende Männer in Hockstellung wie in einem Taubenschlag. Ihre braunen Hintern zu mir gewandt, verrichteten sie ihre Notdurft. Schwatzend und rauchend kümmerten sie sich nicht um den herannahenden Zug. Während ich meine Beine ausstreckte und massierte, stand urplötzlich ein Schlangenbeschwörer im Zugabteil. Er fing mit seiner Flöte das Dudeln an und wollte Geld. Ich gab ihm fünf Rupien. Er bestand auf mehr. Ich wiederum blieb stur. Plötzlich griff der Wahnsinnige in seinen Korb und legte mir blitzschnell eine seiner Kobras zwischen die Beine.

"Und, zahlst du jetzt mehr?" fragte er mit einen höhnischem Grinsen. Innerlich gefror ich zu Eis und war unfähig, mich zu bewegen. Die Kobra lag ruhig zusammengerollt auf meinen Beinen. Ihr Kopf befand sich zwischen meinen Schenkeln und das markante Brillenmuster an ihrem Nacken war deutlich zu erkennen. "Nimm... nimm sie weg. Es bleibt bei den fünf Rupien", stammelte ich, um meine Fassung ringend. Auch wenn die Giftzähne gezogen wurden oder das Gift aus ihnen gemolken wurde, wollte ich es doch nicht darauf ankommen lassen, Bekanntschaft mit ihnen zu machen. Lässig nahm er seine Kobra und stieg wenig später lachend aus dem Zug. Kurz vor Amritsar bemerkte ich plötzlich, dass ich von den Mitreisenden noch mehr angestarrt und angelächelt wurde als bisher. Was war geschehen? Zum Amüsement der Mitreisenden riss die Naht meiner Hose direkt am Hintern auf. Ein echter Hingucker.

Nach insgesamt 38 Stunden Fahrt erreichte ich die Hauptstadt des Punjab. Nach einem Tag Indien sah ich aus, als käme ich von einem vierwöchigen Treck zurück. Arme und

Hände waren rußschwarz, meine Kleidung starrte vor Dreck. Sollte ich nun über den Landweg zurück nach Deutschland reisen? Nur hatte ich dazu keinerlei Informationen, geschweige denn einen Reiseführer. Internet nutzte ich zu dieser Zeit nicht. Auf meiner Karte, die nur einen Teil meiner Heimreise abdeckte, schaute ich mir die Wegstrecke an. Die Route verlief quer durch die "Schurkenstaaten" Pakistan und Iran. Danach folgte der Weg durch das anatolische Hochland Richtung Ankara. Über Kappadokien sollte es weiter nach Istanbul gehen. Athen sollte Ausgangspunkt für eine Fährüberfahrt nach Italien sein. Und dann waren es nur noch einige Stunden Zugfahrt bis in die bayrische Hauptstadt. Ich dankte, betete zu Gott und bat ihn weiter um seine Führung. Jetzt hieß es alle gewohnten Sicherheiten hinter sich lassen, jetzt ging es darum, wirklich auf sein Schicksal zu vertrauen.

Angebergene

Alle Männer grundsätzlich für verdammte Aufschneider zu halten, ist nicht mal so schlecht, wenigstens als Arbeitshypothese. Um Knaben, Heranwachsenden und Männern nicht gänzlich unrecht zu tun, sollte man bedenken, dass sie nicht ständig so sind. Angeber-Gene sind für das sonderbare Verhalten verantwortlich. Diese wirken völlig eigenständig und übernehmen zeitweise die Kontrolle über die Hälfte der Menschheit.

Fahrradfahren war für den Jungen nichts Alltägliches, nichts Gottgegebenes. Hart musste er sich diese Fertigkeit erarbeiten. Lange schreckte ihn die Fortbewegung auf zwei Rädern. Die Angst, beim Versuch zu scheitern oder sich zu verletzen, ließ ihn zögern. Es war sein sechster Sommer, als er probeweise mit Stützrädern herumzufahren begann, und nach kaum zwei Monaten konnte er richtig radfahren. Vergessen waren alle Ängste, alle Schmähungen, aller Spott der älteren Geschwister. Nun war er Herr über ein Fahrzeug und in der Lage, eine Sache zu beherrschen, die lange unerreichbar schien. Es war Macht, oder wenigstens das Gefühl von Macht. So brauste der Junge mit einem deutlich zu großen blauen Damenrad durch sein Dorf. Der Umgang mit dem großen Rad potenzierte das Machtgefühl: das Benutzen eines Erwachsenengeräts. Das ließ ihn glauben, den Weg des Lernens übersprungen zu haben.

Auf einer seiner Ausfahrten über die Wege des kleinen Dorfes sah er drei größere Mädchen in den da auch schon modernen engen Jeanshosen im Gespräch einhergehen. Sie waren nicht sonderlich hübsch, das aber interessierte nicht. Es waren Mädchen, und die mussten beeindruckt werden, befahlen ihm die Angebergene, die im Handstreich sein Bewusstsein besetzt hatten, sobald die Mädchen als solche wahrgenommen waren. Da er ihnen entgegenkam, musste schnell eine Aktion her, die sich in ihrem Gesichtsfeld abspielen sollte und die Eindruck machen würde. Allerdings bot das blaue Damenrad nicht allzu viele Möglichkeiten. Zudem war er nicht geschickt genug, freihändig zu fahren und einen Handstand auf dem Lenker vorzuführen. Er konnte nur schnell fahren oder scharf bremsen. Die Angebergene entschieden sofort: Beides!

Er wollte voll auf die Mädchen zurasen, spektakulär bremsen und dann in einer beeindruckenden Staubwolke quer vor ihnen zum Stehen kommen. Anschließend würde er die Belobigungen seiner Fahrkünste wohlwollend und möglichst gelassen empfangen. Da allerdings Wunsch und Realität oft weiter auseinander liegen, als es sich ein Junge vorstellt, ereignete sich das Naheliegende. Während ihn die nun schweigenden Mädchen beinahe ungläubig anstarrten, trat der kleine Knecht der Gene wie wild in die Pedale, wählte sich die Mittlere der Drei aus und raste auf sie los. Zu spät, um die bejahrte Rücktrittbremse auch nur halbwegs zu aktivieren, leitete er sein geplantes Manöver ein und fuhr geradewegs eines der reichlich erschrockenen Mädchen um.

Als er sich neben dem blauen Damenrad und dem Mädchen in der engen Jeanshose aufrappeln wollte, um seine Aktion zu erklären, fühlte er sich schon unter wüsten Beschimpfungen und Erkundigungen über seinen Geisteszustand gepackt und hochgezerrt. Zwei Mädchen hielten und beschimpften ihn abwechselnd, derweil die Dritte den Lenker seines verbogenen Rades richtete. Das fand er freundlich. Dann jedoch schubste gerade die ihn in einen der zahlreichen großen Brennnesselbüsche, die an den Wegen des Dorfes wuchsen. Obwohl das zusammen mit den Sturzverletzungen tüchtig weh tat, blieb der Knabe im Brennnesselbusch und heulte, bis die drei Mädchen verschwunden waren. Das Damenrad stand am Ständer mitten im Weg, und die Angebergene hatten sich so plötzlich entfernt wie sie gekommen waren. Nichts war geblieben außer Schmerz, Scham und Unverständnis, wie so etwas über ihn kommen konnte.

Als er aus den Büschen kroch und sich die Nase am Jackenärmel putzte, fühlte er sich blamiert, doch wusste er, die älteren Mädchen würden ab jetzt genau wissen wer er ist. Der erste Schritt zu seinem Mannsein war damit getan!

Tasmaniens wilder Südwesten

Ein Tag Ruhe in Hobart muss reichen. Wir haben einen Flug nach Melaleuca bekommen, das ist nicht so leicht. Ein Tag Ruhe? Nicht wirklich. Die dreckige Wäsche muss gewaschen, die Ausrüstung auf- bzw. nachgebessert werden und, klar, Essen muss auch besorgt werden. 6-7 Tage dauert der Track voraussichtlich, macht also zirka 6kg Futter. Das Übliche: Pasta, Haferflocken, Nüsse, Trockenobst, Soßenpulver, Erdnussbutter, Müsliriegel und Tee. Seit drei Wochen eile ich von einem Track zum nächsten und ernähre mich von nichts anderem. Ein Nähset habe ich auch erstanden. Auf dem Overland Track habe ich mir eine Hose an einem Ast aufgerissen, vielleicht finde ich auf dem South Coast Track die Zeit sie zu reparieren – ab heute bitte keinen Zweifel mehr an meinem Optimismus.

Ein Tag Ruhe, und ich renne von einem Shop zum nächsten – soviel zu organisieren. Ein Tag Ruhe reicht auch nicht, um die körperlichen Blessuren auszuheilen. Die Schultern schmerzen, Verspannungen in jedem Muskel. Die Füße tun weh auch ohne Blasen. Die Hüftknochen schimmern noch blau und rot – bevor sie grün und gelb werden können, müssen sie schon wieder ran.

Der Overland Track war ein schöner Weg, doch auch der hat Kraft gekostet. Mit Sidetrips waren es knapp 100 km, einige Höhenmeter (z.B. Mt. Ossa) und darüber hinaus schwer beladen. Einmal mehr meldet sich die Frage nach dem Warum. Einmal mehr will ich wissen, wieso ich mir das immerzu antue. Ist mir ein gewisser Masochismus eigen? Natürlich mag ich die körperliche Anstrengung, ich mag die Anforderung an die Beharrlichkeit der Physis, wie auch der Psyche. Ich mag die Herausforderung Leiden zu müssen, um Leiden zu überwinden, wobei das Überwinden des Leides und die daraus erwachsende Stärke Hauptbeweggrund sind, was mich als Masochisten eindeutig deklassiert.

Der Track beginnt abenteuerlich. Ein Hauch von Indiana Jones umweht uns, als wir mit dem Leichtflugzeug auf der staubigen Sandpiste in Melaleuca landen. Ein Bretterverschlag spielt Tower. Der Flug war unruhig, wir sind ein Spielball der Lüfte. Wir, sind in diesem Falle Bart, der Belgier vom Overland Track und Ich. Da auch er den Track laufen wollte, war es eine einfache Entscheidung uns zusammen zu tun. Die Chemie stimmt, der Laufrhythmus auch.

Die vier Personen Maschine wird wild herumgewirbelt und wir krallen uns in die Sitze, doch der Pilot macht Scherze und lacht, das gibt uns Mut. Mit bangem Herzen gelingt es uns dennoch die Landschaft unter uns zu bewundern. Erst einmal aus Hobart raus und einige Kilometer südwestlich verlaufen sich die Straßen immer mehr im Nichts und hören letztendlich auf zu existieren. Nur noch Natur liegt unter uns, hier sind wir Menschen nur Besucher, hier dominiert noch der Busch. Aus der Luft schon können wir einen kleinen Weg ausmachen, der sich einsam durch die Landschaft zieht, eine einzelne Narbe auf dem, ansonsten makellosen Antlitz. Wir wissen das ist unserer, es kann nur dieser sein – mangels Alternativen. Dieser Pfad ist der einzige Weg durch die Wildnis des südwestlichen Tasmaniens.

Wenige Zeit später finden wir uns auf eben diesem Pfad wieder. Die Füße kribbeln und die Luft riecht nach Abenteuer. Bis auf den Regen ist es ein leichter Start. Die Strecke ist kurz, der Weg leicht zu begehen. Wir erreichen das Meer. Eine gemütliche Bucht und unser »Campingplatz« erwarten uns. Der Campingplatz ist eine Lichtung im Wald, zur See hin offen. Auch über eine Toilette verfügt er. Wer sie finden will, folgt dem Schild, das halb verdeckt an einen Baum genagelt ist. Von hier ab weisen einen kleine Pfeile immer weiter in den Wald hinein, bis man letztendlich auf eine Lichtung tritt. Das Klo ist ein Holzbrett auf dem Waldboden, versehen mit einer Klappe, wer sie öffnet entdeckt darunter ein ausgehobenes Loch ... und den fallengelassenen Ballast von Generationen von South Coast Track Wanderern.

Der Tag ist noch jung, jung genug um eine Meerjungfrau aus Sand zu erschaffen. Aller Wünsche zum Trotz bleibt sie

Sand, als Sand bleibt sie Wunsch, als Wunsch bleibt sie zurück. Zurück bleibt auch vorerst das Meer.

Der Track zieht, dem Namen zum Trotz inlands. Auch wird er natürlicher, das heißt enger und matschiger, von Gebüsch überlagert, von der Welt vergessen. Es sind nicht viele Kilometer heute, doch die sind steil, sie bereiten mir unerwartete Mühen. Die Beine wollen nicht, weil der Kopf nicht will. Die Gedanken sind im Morgen. Dort wartet die Ironbound Range – heute sollte doch nur ein lockerer Lauf werden. Was machen meine Gedanken im Morgen? Wollte ich diese Reise nicht dem Augenblick widmen? Die Schwierigkeit dieses Vorhabens wird mir bewusst. Wenn man das Leben in Vergangenheit, Gegenwart und Zukunft einteilt, wenn man die Gegenwart mit dem Augenblick gleich setzt und diesen in Prozent der gesamten Lebenszeit fassen will, liegt sein Wert im Promillbereich. Doch welchen Wert erhält die Zukunft? Am bereits gelebten Leben hat sie keinen, am noch zu erwartenden jeden Anteil. Die Vergangenheit verhält sich entgegengesetzt. Mit welchem Wert belegen wir diese Drei aber im Hinblick auf ihre Wichtigkeit? Nun, die Vergangenheit ist die bereits gelebte Zukunft. Der Augenblick ist eigentlich nur der Vorgang der Umwandlung, vom Davor zum Danach. Ist es also angemessen dieser Transformation eine solche Bedeutung zu zuschreiben? Unbedingt! Von ihr ist abhängig, ob die Zukunft oder besser, wie das, was wir uns von unserer Zukunft erwarten zur Historie wird. Von ihr ist abhängig wie wir uns erinnern. Denn es bleibt nicht unsere Erwartung an die Zukunft im Kopf zurück, was verbleibt ist stets der Vorgang der Transformation, also der Augenblick. Die Erwartung an die Zukunft entscheidet nur darüber, ob wir uns dieses Augenblicks lachend, oder weinend erinnern. Denk an das vergangene Jahr zurück und erzähle mir, was du von ihm noch weißt. Je mehr du erzählen kannst, desto mehr Augenblicke hast du gelebt. Fällt dir nichts oder nur wenig ein, sind die Augenblicke an dir vorüber gezogen. Sie waren da – doch wo warst du?

Auf dem Felde der Amateurphilosophie wandle ich auf dünnem Eis, aber es hilft die Meter hinter mich zu bringen. Der Augenblick ist nicht die jeweilige Situation, der Augenblick ist stets die eigene Person in dieser Situation. Das heißt, der Augenblick ist jetzt, der Augenblick ist immer, der Augenblick wächst aus dem Promillbereich ins Alles. 100 % Zeit, 100 % Wichtigkeit, 100 % Ich.

In Gedanken läuft es sich gut, der Kopf ist vom Körper abgelenkt, der Rhythmus stimmt. Die Landschaft streicht an mir vorbei, nur unbewusst nehme ich ihre Melodie war. Weites Land, flache Büsche, volle Töne, der Himmel strahlt. Der Weg zieht sich wie eine natürliche Grenze durch die Elemente. Zur einen Seite der Ozean, die Brandung bricht sich tosend an der Küste, zur anderen säumen Hügel und Berge den

Horizont und strecken ihre Köpfe gen Himmel. In dieser vollendeten Harmonie, dieser Komposition geht dieser Tag dem Ende entgegen, nicht ohne uns ein letztes Abenteuer zu schenken. An ein Seil geklammert waten wir durch den Louisa River. Dessen Grund ist steinig und damit ungeheuer glitschig, das Seil nur mäßig straff gespannt, so gibt es nur leidlich Stabilität. Auch wenn der Fluss zu diesem Zeitpunkt nicht genug Wasser trägt, um eine ernsthafte Gefahr für Leib und Leben zu werden, wäre bei einem Sturz dennoch mit unangenehmen Konsequenzen zu rechnen. Ein verdrehtes Knie, ein verstauchter Knöchel, oder durchnässte Ausrüstung ist bei Leibe nicht das, was wir einen Tag vor der wohl schwersten Etappe dieses Tracks gebrauchen können. Es kostet viel Konzentration und Balance, doch langsam und auf vorsichtigen Sohlen erreichen wir die andere Seite unbeschadet – wir erreichen das Land Mordor.

Denn so haben wir sie genannt, die Ironbound Ranges. Auch wenn das »wahre« Mordor, uns wohl bekannt, im Tongariro Nationalpark in Neuseeland liegt (mit dem Mt. Ngauruhoe als Schicksalsberg), macht uns dieser Vergleich Spaß und gibt uns zusätzliche Kraft.

Heute, wo es sie zu überqueren gilt, steht sie bedrohlich vor uns. Dunkel ragt die Gebirgskette vor uns auf, die Spitze ist in Nebel und Wolken getaucht, der Weg verschwindet unter einem grauen Schleier. Der Wind zieht an, die Ironbounds zu. Sie sind der Prüfstein dieses Tracks, wer in gehen will, muss sie bezwingen.

900 Meter zäher, steiler Aufstieg erwarten uns. Doch der Körper funktioniert gut heute, der Kopf ist auf diese Aufgabe vorbereitet. Der Weg steigt leicht aber stetig an, bis unmittelbar an die Füße der Ranges, ab jetzt wird es steil. Leichter Nieselregen setzt ein. Ich schalte in den Drecksaumodus. Im Drecksaumodus legt sich ein Schalter in meinem Kopf um – es ist ein Art Meditation, die keine Schwäche, keinen Schmerz zulässt. Ich steige und steige. Das Herz schlägt schneller, der Anstrengung wegen, schlägt schneller, damit mehr und mehr Blut durch den Körper zirkulieren kann. Und auch der Atem beschleunigt sich, um das Blut mit ausreichend Sauerstoff anreichern zu können. Die Beine stampfen – auf und nieder – wie Kolben in einem Zylinder – auf und nieder. Die Muskeln brennen, doch es geht hoch und weiter, voran, voran. Das Nieseln wird stärker, meine Haut ist feucht, vom Schweiß, vom Regen. Den Kopf, den freut's, hierauf hat er gewartet, dies ist die Herausforderung. Eine Schlacht im ewigen Kampf des Menschen mit der Natur. Es ist ein Kampf um des Kampfes willen, ohne Sieger und Besiegte. Es ist eine Auseinandersetzung zwischen Brüdern, ein Messen der Kräfte, eine gymnische Agone, der eine musische folgt. Mir geht es nicht darum sie zu bezwingen, sie mir untertan zu machen, wie könnte ein Mensch dies überhaupt?

Niemals wird sie Knecht sein, vorher wird sie Untergang, unser Untergang! Ich will ihr, mit den mir einfachsten Mitteln, gegenübertreten, in ihr bestehen, ihr begegnen und meine Daseinsberechtigung in ihr behaupten, in ihr, der allgegenwärtigen Mutter Natur.

Ob wir eine Pause machen möchten, fragt mich Bart, da wir die Spitze ja nun erreicht hätten. Skeptisch sehe ich mich um. Der Nebel hat sich ausgeweitet und ist dichter geworden. Panoramablicke bleiben uns verwehrt. Das Nieseln wird immer mehr zum Regen. Ein Wind frischt auf, er bläst zugig hier oben. Das Thermometer fällt, es wird kalt. Trotz der Verhältnisse ist der Weg auf einige Meter gut sichtbar. Er ist in der Tat abgeflacht und wir stehen auf einer Erhebung, doch oben sind wir noch nicht. Mein Gefühl sagt das – es behält recht. Der Sieg des Zweiflers ...

Der Widerwille gegenüber der einfachen Antwort, das Misstrauen gegen das Offensichtliche, die Wut auf die Oberfläche scheinen sich in mir zu manifestieren. Ist diese Ganze Reise nicht dem Zweifel entsprungen? Das Fragezeichen bin ich und keine Antwort ist gut genug. Nach was suche ich, wenn ich doch weiß, dass mich keine Erkenntnis befriedigt? Mir wird klar, dass ich nach neuen Fragen suche. Immer kniffliger, immer tiefer – ich möchte den Spiegel vor die Menschheit stellen, auf dass sie sich selbst erklären muss. Ich möchte sehen, wie sie sich ihre eigenen Lügen erklären muss.

Sie soll mir berichten von ihren widersinnigen Prinzipien und ihrer grotesken Moral. Fragen wie Hammerschläge – keine Ideologie, die sich nicht rotglühend darunter verbiegen müsste! Fragen wie Hammerschläge – und die Mauer der Gesellschaft – sie nennt sie Werte – soll brechen! Es ist ein Traum, ich bin ein Träumer, mit dem Hammer in der Hand und nagendem Zweifel im Nacken.

Meine Geschichte ich vergaß ... wo waren wir stehen geblieben. Die Erhebung, der Zweifel, ein neuer Anstieg – voran, voran. Wenn ich vorhin den Wettkampf mit der Natur mit viel Pathos wiedergegeben habe, in der Ahnung, dass diese Versinnbildlichung den Leser wohl erfreuen mag, ist mir, dem Zweifler, bewusst, dass der Berg sich nicht um den Wanderer schert, der ihn besteigt. Kollektives Bewusstsein der Natur? Die Logik sagt Nein. Das Ich hat viele Gesichter und viele Stimmen, nicht immer – eher selten sogar – sprechen sie die gleiche Sprache. Der Schreiber in mir gebietet dem Zweifler in mir Ruhe. Die Romantik will diesen Kampf, unser Aufbegehren gegen die erhabene Kraft der Elemente.

Der Nebel lichtet sich, als der Wind zum Sturm wird. Hart müssen wir uns gegen ihn stemmen, um nicht von der Wand geblasen zu werden. Das letzte Stück ist steil und lang, doch es hält uns nicht auf – wir sind oben. Die Ironbounds wollen sich noch nicht geschlagen geben. Eis mischt sich in den Regen. Wie kleine Nadeln schießt es, vom Sturm geschleudert, auf uns ein. Der Triumph ist unser, er treibt uns weiter. Die Bedingungen werden zum Genuss – erst sie machen das Abenteuer komplett. Die Ironbound Ranges sind die Königsetappe des Tracks, hier gilt es zu bestehen. In vielerlei Hinsicht sind sie für mich ein Knackpunkt und zwar nicht allein im Hinblick auf die Meisterung dieses Weges... In dieser Atmosphäre aus Dagegenhalten und Überwinden setzen sich Gedanken frei. Ein Quell aus übersprudelnden Ideen, ungeordnet, überwältigend. Es entbrennt ein konfuser Kampf mit dem Chaos im Kopf. Doch wie war das noch gleich mit dem Chaos und dem tanzenden Stern? Nietzsches Weisheit – meine Wahrheit? Eisiger Nordwind und einsamer Wanderer, hier oben sind wir vereint.

Wir überqueren den Sattel der Bergkette und entfliehen dem Eissturm in den Regenwald, der die Rückseite der Ironbound's bedeckt. Der Abstieg beginnt. Der Regen hat den Boden aufgeweicht – er ist kaum noch matschig, als vielmehr sumpfig zu nennen. Ein falscher Schritt und das Bein sinkt bis zu den Knien ein. Die Schlammpfützen sind mehrere Meter lang, überspringen – unmöglich. Auch umlaufen können wir sie nicht, der Wald steht zu dicht am Wegesrand. Wurzeln und Steine, die das Gebiet durchziehen, sind das Einzige, das uns halbwegs trockenen Fußes weiterbringt. Doch beide sind sie rutschig – jeder Schritt kostet Kraft und Konzentration. Meine Knie beginnen zu schmerzen. Die Wegverhältnisse und die Zusatzlast des Rucksacks fordern sie stark. Jeder Meter ist eine Überwindung, stechende Nadeln in meinen Gelenken, die Kraft lässt nach, ich fühle mich alt. Der Abstieg ist anstrengender, als der Aufstieg je war und, man mag es kaum glauben, der Weg wird noch schlechter. Mehr Schlamm, weniger Chancen ihm zu entkommen, der Pfad wird steiler, der Wald überwuchernd wild. Endlos scheint der Abstieg. Wer mag noch zu sagen, wo wir sind, oder wie lange wir schon unterwegs sind? Der Wald raubt jede Orientierung. Er ist so alt wie das Land und von unglaublicher Pracht. Welch erstaunliche Vielfalt! Die Flora bezaubert durch Form und Farbe. Der Schönheit der Schöpfung so nahe zu sein, den Wundern der Welt ins Angesicht zu sehen – erhebt. Erhebt über den Schmerz, über sich selbst. Sinn ist Sein!

An immer mehr Stellen öffnet sich der Wald und gibt Blicke über Klippen und den Ozean frei. Endlich erreichen wir auch unseren Rastplatz für die Nacht – Deadmans Bay – wie wahr, wie wahr!

Der geneigte Leser mag Verständnis dafür aufbringen, dass ich an dieser Stelle darauf verzichte, jeden Meter Weg und jede Blume im Einzelnen zu beschreiben. Im Detail verliert sich jede Magie! Im Leben folgt immer ein Schritt dem nächsten, im Schreiben liegt die Freiheit zu springen und zu fliegen, also springe und fliege ich zurück zu den Höhepunkten der letzten Tage auf dem Track. Habe ich den Overland Track als Prinzessin unter den Wanderwegen geadelt, wäre als passende Titulierung für den South Coast Track im Allgemeinen und für die letzten Tage im Speziellen, nur die Amazone angemessen. Ungezwungen, ungezähmt – selten leicht zu handhaben – temperamentvoll, unberechenbar. Mehr als einmal haben wir uns in ihr verloren, standen verlassen im Wald. Sie hat es uns nicht leicht gemacht, sie zu erobern. In ihrer Gefahr lag der Reiz. Ihr Aufbrausen zeigte sie uns in Wind und Sturm, wie Regen fegten ihre Tränen über uns hinweg, die Hitze ihres Temperaments ließ uns den Schweiß über den Körper laufen und ein Schauer auf dem Rücken war uns der Schwermut ihres Nebels.

Ihr Körper ist der Boden, auf dem wir wandelten, oft genug unwegsam, die Berührung des Menschen nicht gewohnt. Schroffe Klippen, Stein und Fels. Ein Bewuchs aus dichtem wildem Wald überwuchs ihre weiche Erde. Welch Schicksal harrt dem Wanderer, der hier versinkt, sich in ihr verliert? Auch sanfte Strände und ruhige Buchten gehören zu ihrer Erscheinung. Graue Wellen, die kraftvoll auf die Küste einstürzen, scheinen diese Idylle stören zu wollen. Der Schein trügt. Gerade der Gegensatz schafft die Harmonie. Meeresrauschen und Salzgeruch, diese Mischung schickt Pfeile der Sehnsucht in mein Herz.

Die See verbindet sich mit Lagunen im Inland, oft genug müssen wir Wasser durchwaten, um den Weg fortsetzen zu können. An einer Stelle hat sich ein Fluss gebildet, der so breit und tief ist, dass wir ein kleines Ruderboot bemühen müssen. Zwei dieser Boote stehen zur Verfügung, eines wartet an jeder Uferseite. Drei Überquerungen kostet es, damit wir die andere Seite erreichen, doch jedes Ufer weiterhin über ein Boot gebietet.

Ich erinnere mich an so vieles, wenn ich an diese sechs Tage zurück denke und wie immer ist der Blick in die Vergangenheit in rosarote Nostalgie gefärbt. Haften bleiben atemberaubende Wolkenbilder, in denen sich das Licht bricht und flammende Himmel in der Abenddämmerung. Traumhafte Strände, verwunschene Wälder, scharfe Anstiege, kniebrechende Abstiege, all das bleibt unvergessen. Die Welt wie man sie kennt, mit ihren Städten und Regeln, mit ihren Normen und Werten, bleibt zurück. Hier zählen die Gesetze der Natur. Das Recht des Stärkeren – wenn das nur nicht so abgedroschen klänge ... Die natürliche Auslese fordert den Einzelnen. Sie will sein Bestes.

Da stehe ich also nun am Ende des Tracks: Der Schreiber, der Träumer, der Zweifler ... was fanden wir auf diesem Weg? Diese Frage geht einher mit einer zweiten: Was haben wir gesucht? Selbstbehauptung, Selbstbestätigung, Selbstüberwindung, Selbstverwirklichung – klingt nach viel Selbstherrlichkeit – und, frage ich, ist das schlecht? Wie kann die Suche nach dem Selbst falsch sein und an dem Wort Herrlichkeit vermag ich wahrlich nichts Unanständiges zu finden. Der Weg zu sich führt über viele Straßen, doch dafür müssen wir erst die Häuser und die Höfe verlassen, die wir bisher bewohnt haben. Selbstaufgabe, in diesem Sinne, heißt loslassen. »Erst wenn wir alles verloren haben, haben wir die Freiheit alles zu tun«, sagt Tylor Durdan. Von der »Umwertung aller Werte« sprach ein anderer Großer, der schon vorher erwähnt wurde. Ich spüre, wie die Welt sich ändert – vielleicht nur meine – doch ich spüre es und verliere darüber die Orientierung. Das Chaos und der tanzende Stern ... sind wir also hier wieder angelangt?

Ich drehe mich im Kreis, die Schlange beißt ihren eigenen Schwanz. Benzin auf die Glut des Zweiflers. Welch grausames Gedächtnis er hat. Er ist der größte Kritiker des Schreibers, er setzt hinter alles ein Fragezeichen. Macht der Träumer den Unterschied? Um den Kreis zu durchbrechen, muss er sich selbst überwinden, er muss leben, was er erschafft. Die Freiheit verlangt viele Opfer. Der Weg zu ihr ist ein Weg voller Gefahr und Risiko.

– Was fragt der Zweifler?

– Wie viel Freiheit verträgt ein Mensch?

Was also nimmt man mit aus solch einem Abenteuer? Da meldet sich doch plötzlich eine weitere Stimme in mir. Eine

Stimme, der ich besonders gerne lausche. Sie ist stets heiter, ihr Blick nach vorne gerichtet und schaut sie zurück, umspielt ein Lächeln ihre Lippen: »Einmal mehr legte ich mein Leben in die Hände des Schicksals und einmal mehr war es mir wohlgesonnen. Gestärkt an Geist und Körper, wie auch reicher an Erfahrung kehre ich aus diesem Abenteuer zurück. Das Schicksal belohnt den Mutigen«, erklärt der Optimist mit freudigem Klang.

Fahrradausflucht

Der Wasserkocher drückt sprudelnd heißen Dampf aus allen Öffnungen und verwandelt die Küche allmählich in einen Hamam. Erwartungsvoll klopft sie an ihre Zimmertür:

„Willst du heute nicht aufstehen? War wohl gestern doch zu lang, eure Radtour!"

Gerne will sie den Kopf zur Tür hineinstecken und ihr zusehen, wie sie sich im T-Shirt aus dem Bett rollt. Keine bewegt sich beim Aufwachen so wunderbar tapsig und wirkt gleichzeitig so beschützenswert und aufregend. Keine hat so einen tollen Hintern in ihren Schlaf-Shorts. Doch plötzlich ist da wieder dieser Stich! Weshalb fährt sie jetzt mit dem neuen Mountainbike ständig mit diesem Kerl herum. Jede weiß, dass der hinter allen Röcken in der Gemeinde her ist. Wieder klopft sie an die Tür: „He Kleine, es gibt Frühstück. Hab uns leckere Kartoffelsemmeln geholt, und gleich gibt's frischen Kaffee."

Die hat sie am liebsten, das weiß sie; und ein frischgebrühter Kaffee hat sie auch schon immer aus ihrem Zimmer gelockt und umgänglich gestimmt, zugänglich. Ihr verschlafenes Gesicht zum Lächeln gebracht. Allein deshalb lohnt es sich, zum Bäcker zu laufen, bevor ihre Liebste aufsteht. Die Kleine soll es doch gut haben bei ihr. Außerdem braucht sie selbst Bewegung, wenn sie den restlichen Tag in Meetings herumsitzt. Auch wenn sie nicht so versessen auf Sport im allgemeinen ist, genießt sie es, mit ihrer Partnerin aktiv zu sein und dabei etwas zu erleben. Mit ihr hat sie entdeckt, wie befriedigend es ist, draußen zu sein. Etwas anderes zu tun als zu arbeiten. Deshalb hat sie beschlossen, wieder mehr Fahrrad zu fahren, obwohl es für eine Bereichsleiterin wirklich viel zu tun gibt. Zudem ist es nicht einfach, sich gegen die ganzen Schwanzträger im Job durchzusetzen. Aber im Ingenieursstudium hat sie bereits gelernt, ihre Ellbogen auszufahren, sich zu behaupten, sich beinahe wie ein Mann zu verhalten. Sonst hätte sie heute kein eigenes Büro mit Fenster und Kunstdruck hinter dem Schreibtisch.

Tatsächlich wollte sie sich so ein Mountainbike zulegen, wie es gerade die Mode ist. Auch wenn diese Dinger sehr maskulin-protzig wirken, sehen sie mit den fetten Reifen irgendwie geil aus. Ihrer Liebsten hat sie bereits ein Geländerad gekauft. Für Qualität und gute Beratung gingen sie in den Fahrradladen am Ort. Das war ein Fehler. Als sich die Kleine ein passendes Rad ausgesucht hatte, nahm der Mechaniker die individuelle Einstellung vor. Dabei schlug er gleich ein Fahrtraining speziell für Frauen vor. Gelobt hat er das, als ob er dafür Provision kassieren würde. Und die Kleine hing an seinen Lippen. Glaubte dem Schwätzer mit seinen rasierten Beinen alles. Besonders fuhr sie auf seine Sprüche ab, dass Mann und Frau die Radhose direkt auf der Haut trägt. Keine Haare, kein Slip.

Der Kerl weckte instinktiv ihre Neugier an dieser Sportart. Er schien ihr vom Gesicht ablesen zu können, was sie hören wollte. Weshalb schlug er sonst gleich entspannte Runden nach Feierabend, knackige Sprints an verregneten Sonntagen oder lange Touren in den Hausbergen vor? Wie ein Priester versprach er, sie in die Geheimnisse des „wirklichen" Radfahrens einzuweihen. Die Kleine hing an seinen Lippen und nickte andächtig. Sie selbst hatte sich daneben beinahe zur Unsichtbarkeit aufgelöst. Erst an der Kasse nahmen die beiden sie wieder wahr.

Sie hätten so schön herumfahren können. Gemeinsam Neues erleben. Dem Reiz der Dynamik erliegen. Sich mal wieder auspowern und die eigenen Grenzen ausloten. Genau wie es der Kerl vom Radladen gepredigt hatte. Nur sie beide. Aber daraus wurde nichts. Die Kleine begann mit dem Mechaniker herumzufahren. Und ihr blieb nichts als zu mahnen, dass sie auf so eine Maschine, wie sich der Kerl auszudrücken pflegt, mehr achtgeben muss als auf ihre anderen

Räder. Die sind immer schmutzig und stehen achtlos in Flur oder Keller, gerade wie ihre übrigen Sachen, die sie ständig irgendwo zu großen Haufen auftürmt. Ordentlich ist sie nicht, keine Hausfrau. Sie ist süß, eine Künstlerin, ein Freigeist, das hat sie erkannt. Für einen Mann viel zu schade. Auch wenn sie ruhig mal etwas ordentlicher sein könnte.

Erneut klopft sie an den Türrahmen: „Ich komme gleich und schubse dich aus dem Bett!" Sie horcht. Doch, sie muss da sein. Ihre Radklamotten liegen verschwitzt im Bad und riechen vor sich hin. Frauen stinken nicht. Sie kann nicht widerstehen und hebt sie an ihre Nase, bevor sie die Rennhose in der Waschmaschine versenkt. 30 Grad. Die Sportklamotten dürfen nur mit 30 Grad gewaschen werden und nur im Wollprogramm. Kein Weichspüler, aber bei den Hosen Sauerstoffbleiche, wegen der Keime. Das ist eindeutig nicht der Geruch, den sie erwartet, den sie kennt, den sie liebt. So voll, jung und weiblich. Das riecht nach der Lust ihrer Liebsten. Mehr will sie nicht wissen. Sie stopft die schwarze Hose in die Waschmaschine und fühlt Zorn aufwallen. Sieht sich bereits ins Zimmer stürmen und eine Szene machen. Sie anschreien, aus dem Bett scheuchen, sie verletzen. Aber sie atmet durch. Einige Male. Wirkt ruhig.

Der Wasserkocher gurgelt in der Küche vor sich hin und hüllt bereits den Flur in dunstiges Gewölk. Schließlich muss sie den unseligen Apparat von Hand abschalten und verbrüht sich leicht. Gedankenverloren steckt sie sich den Finger zwischen die Lippen – heiß. Sie öffnet das Küchenfenster und lugt durch den Urwald von Zierpflanzen ins morgendliche Himmelblau. Es wird ein schöner Samstag werden, und bestimmt will die Kleine da mit ihrem neuen Mountainbike losziehen, um diesem Gockel zu gefallen. Sie holt ihn sogar vom Laden ab. Dafür glotzt er ihr unverschämt auf den Hintern und lobt sie, wie toll sie schon fährt. Wie elegant sie im Sattel sitzt. Klar, wenn er sie rumkriegen will. Kennt man ja, die Maschen von den Kerlen. Erzählen alles, bloß um eine flachzulegen. Und ihrer Kleinen scheint das recht gut zu gefallen. Richtig rollig macht sie das.

Deshalb geht sie jetzt schnell und präzise vor. Sie eilt ins Bad und zerrt die Rennhose wieder aus der Waschmaschine. All zu sehr ist das Sitzpolster nicht verschmiert, aber die Reste der Sitzcreme kann man gut erkennen. Nach kurzem Suchen hält sie die Gelenksalbe in den Fingern. Im vergangenen Herbst half die wunderbar. Innerhalb von zwei Tagen war ihr Knie wieder wie neu, immer schon durchblutet und – heiß. Sie bedauert es aus ganzem Herzen, ihrer Kleinen das anzutun, aber irgendeine Demonstration muss sein. Es reicht ja nicht, dass sie ihr erklärt, was alle Frauen über diesen Gockel sagen. Es reicht auch nicht, dass sie ihr versichert, wie toll sie sie findet. Allein dieser Kerl scheint ihr Denken und Fühlen zu bestimmen.

Jetzt kann sie mal was fühlen. Auch wenn dann einige Tage nichts mit ihr anzufangen ist. Sie vielleicht ganz weggeht. Das Risiko wird sie auf sich nehmen. Schlimmer kann es nach ihrem Empfinden überhaupt nicht mehr kommen. Also die letzte Möglichkeit. Mit einem Taschentuch appliziert sie die Salbe auf das Sitzpolster, verreibt sie gleichmäßig und drapiert die Rennhose in die Ladeöffnung der Waschmaschine. Die zweite von ihren Gummihosen hat sie bereits am Donnerstag gewaschen und aufgehängt, folglich befindet die sich in dem Haufen abgenommener Wäsche im Wohnzimmer. Mit einem Griff findet sie dort das gesuchte Stück und lässt es sogleich in ihrer Aktentasche verschwinden.

Ganz sanft, der Wolf bei den sieben Geißlein könnte was lernen, tritt sie nun an ihr Bett. Wie schön sie schläft: besinnungslos und weich. Dennoch:

„Du, ich muss noch mal ins Büro, ist wichtig. Weiß nicht, wann ich zurück bin. Aber das Wetter wird prima. Wenn du heute Rad fahren willst, solltest du nicht so lange warten. Frühstück ist drüben."

Sie streicht ihr die dunkelblonden Locken aus der Stirn, küsst sie sacht, und fragt sich im Gehen:

„War Judas Ischariot wirklich ein Mann?"

Die Autoren

Heinz Gsottberger, geboren in Volkach am Main, ist bekennender Unterfranke. Er erlernte verschiedene Handwerksberufe und studierte schließlich Volkskunde in Würzburg. Seine Begeisterung für alles Schnelle auf zwei Rädern trieb ihn durch seine Jugend.

Jetzt berät er bei Globetrotter Ausrüstung in München, schreibt auf, was ihm so einfällt und erzieht hauptberuflich seine beiden Söhne.

Björn Lampmann, geboren 1971 in München, infizierte sich im frühen Alter von 17 Jahren in Nepal mit dem Reisevirus. Nach seiner Ausbildung arbeitete er als selbständiger Kaufmann. Um seinen Träumen zu folgen kündigte er seine Stellung um auf Entdeckertouren zu gehen, die ihn auf 5 Kontinente führten. Heute arbeitet er als Verkäufer bei Globetrotter Ausrüstung.
Neben seiner Liebe zum Reisen begeistert sich Björn für das Schreiben von Geschichten.

Florian Wolf, geboren 1981, ist ein Landei, kommt aber mittlerweile gut in der Stadt zurecht. Da das Schreiben ihn noch nicht reich und berühmt gemacht hat, arbeitet der diplomierte Fitnessökonom und Master of Arts in Sportsmanagement als Verkäufer bei Globetrotter.
In seiner Freizeit treibt er Sport, geht Wandern, liest viel und ja, hin und wieder schreibt er auch etwas.

Hubert Hasslacher, Illustrator des Covermotivs und Musiker. Mehr Informationen zu Hubert auf seiner Homepage www.hubert-h.com.

Dank

Wir, die drei Autoren sitzen hier, Ende Oktober 2015 glücklich, auch ein wenig stolz dieses Büchlein in Händen zu halten. Wir danken allen die dieses Manuskript gelesen, Ideen und Anregungen gegeben haben. Besonderen Dank gilt unserem „Cheflektor" Stefan Just, der es nicht nur versteht Texte zu lesen, sondern sie auch zu hinterfragen. Ein herzliches Dankeschön an Hubert Haslacher für das Covermotiv. Jana Erb , die mit Leichtigkeit und Geduld uns ins rechte Fotolicht tauchte. Nadja Böhnke für kreative Unterstützung bei der Covergestaltung. Nicht zu vergessen sind die vielen Kollegen von Globetrotter die uns die Treue halten.

Björn: Besonderen Dank gebührt meinen Eltern, Dorothea und Hans Jörg Lampmann die mich immer unterstüzten meine Träume zu leben. Cesary Kasprzyk und Daniel Münnig widmeten sich mit viel Hingabe den Geschichten, ebenso Eva Nusser die viel Geduld mit mir hatte.

Heinz: Ganz besonders danken möchte ich meiner treuen Gefährtin Sybille, die mich auf den Weg gebracht hat.

Florian:Mein Dank geht an jeden Einzelnen, der meinen Weg bis hierher gekreuzt hat. Auf die eine oder andere Art ist es euch zu verdanken, dass ich bin wie ich bin.